丸山眞男と戦後日本の国体

池田信夫

白水社

丸山眞男と戦後日本の国体

装幀＝唐仁原教久
デザイン＝藤井紗和（ＨＢスタジオ）
組版＝鈴木さゆみ
校正＝竹内輝夫

丸山眞男と戦後日本の国体◎目次

はじめに

日本の政治は、なぜここまで壊れてしまったのだろうか。国会が圧倒的多数の与党と無力な野党に二極化し、政策論争がなくなってスキャンダルばかり論じられる昨今、そう思う人は少なくないだろう。自由民主党が「保守党」であることはいいとして、野党は何なのだろうか。彼らの自称する「リベラル」という理念は、日本にあるのだろうか。

戦後の日本には、リベラルの輝いた時代があった。それを代表するのが丸山眞男（一九一四～九六）である。彼は一九五〇年代まで日本の論壇をリードし、一九六〇年の日米安全保障条約改正のときは反対運動の中心になった。彼の本業は東京大学法学部の教授として政治思想史を教える研究者だったが、世間的に注目されたのは論壇のスターとしてだった。彼は六〇年代以降、政治運動から身を引き、研究に専念するが、六〇年代後半の東大紛争では学生に批判される側になり、「戦後民主主義」とか「近代主義者」というレッテルが貼られた。

私の手元には、一九七六年に買った丸山の代表作『現代政治の思想と行動』があるが、当時すでに彼は「終わった思想家」とみられていた。学生時代には丸山に対する共感はなかったが、いま読み直してみると意外に新鮮だ。もちろん時事評論としては古くなっており、学問的にも疑問は多いが、社会科学で七十年後も問題のない論文はありえない。彼の論文には今の不毛な憲法論争とは違う新鮮な日本社会論があり、政治に対する本質的な洞察がある。いつか私は、丸山の本を隅々まで読むようになった。

彼の死後二十年以上たっても、毎年のように彼の講義録や座談集などが刊行され、新資料が発掘されている。今も丸山を慕う人々は、戦後民主主義の黄金時代を懐かしみ、その「原点」を継承して憲法改正を阻止しようと考えているのかもしれない。

だが憲法第九条の平和主義は、丸山の原点ではなかった。戦後政治の最大の分岐点は、憲法ではなく講和条約だった。丸山は一九五〇年に米ソと同時に平和条約を結ぶ「全面講和」を主張した。一九六〇年の安保改正のときは強行採決を批判し、「民主主義を守れ」と主張した。こうした運動は失敗に終わり、六〇年代には丸山はアカデミズムに退却した。

その後の日本は、一九五〇年代にリベラルが考えたのとはまったく違う方向に発展した。憲法は改正されなかったが日本は再軍備し、安保条約は存続した。彼らが理想化した社会主義は悲惨な逆ユートピアになり、自民党に対抗する野党は生まれなかった。丸山を代表とする進歩的知識人は政治的に敗北し、そこから今なお立ち直ることができない。

丸山の敗北を検証することは、彼個人を超えた意味がある。彼に代表されるリベラルな気分は、今も多くの人に受け継がれているからだ。空文化した憲法の平和主義は、篠田英朗の指摘するように「戦後日本の国体」として人々を呪縛している。(1) ここで国体を護持するのは野党であり、自民党政権がそれを否定して「自主憲法」をつくろうとする逆転が生じている。

他方、丸山の一九六〇年代以降の学問的な研究は体系的に語られることがなかったが、死後に刊行された講義録でその全貌が見えてきた。彼は無類の話し好きだったので、多くの座談会が残され、文献は膨大な量にのぼる。後期の思想史研究は、今までは初期の政治評論とは別に扱われることが多かったが、本書は論壇のスターだった丸山と、日本人の「古層」について考えた丸山を統一的にとらえようという試みである。

後期の研究については実証主義の歴史家から批判が多いが、今となっては単なる学問研究を超える意味をもつ。クロード・レヴィ＝ストロースは「人類の思考を知る上では、南米のインディアンの神話を私が語るのも、私がインディアンを通じて自分の神話を語るのも本質的には同じことだ」と述べた。(2) 丸山の論文は戦後の知識人の共有する神話として、大きな影響を政治にも日本人の思考にも与えた。彼の物語を読み解いて「脱神話化」し、戦後の知識人がどこで間違えたのかを検証することは現代的な意味をもつと思う。

本書は二〇一五年に『戦後リベラルの終焉』を書くとき構想したものだ。そこでは日本的なリベラルの奇妙な歴史をおさらいしたが、思想的な問題については立ち入って検討する余裕がなかった。その元祖である丸山を読み直してみると、戦後リベラルの挫折の原因がわかるかもしれない、という私の企画を、白水社の竹園公一朗氏に了解していただいた。それから三年もかかり、当初の構想とは大きく違う本になったが、理解は当初より深まったと思う。

本書は丸山についての解説書ではないので、彼の業績をバランスよく紹介してはいない（たとえばキリスト教についての議論は省略した）。内容はかなり専門的だが、丸山についてまったく予備知識のない人にもわかるように説明したつもりである。記述は問題別にまとめ、おおむね彼の著作の時系列にそっている。

歴史的な経緯や彼の周辺の人物についても説明したので、丸山を中心とした戦後の知識人の歴史としても読めるだろう。東京女子大学の「丸山眞男文庫」には多くの手書き原稿が残されている。本書の検討対象は公刊された文献に限った。丸山についての研究書も多いが、網羅的な研究史のような記述は避け、必要な限りで参照した。

丸山の著作は多くの論文集に重複して収録されているが、引用は原則として『丸山眞男集』（岩波書店）から行い、第一巻は「集一」などと略記した。同様に『丸山眞男講義録』（東大出版会）は「講義録」、『丸山眞男座談』（岩波書店）は「座談」、『底本　丸山眞男回顧談』（岩波書店）は「回顧談」、『丸山眞男話文集』（みすず書房）は「話文集」と略記した。文中の敬称は略し、断りのないかぎり強調（傍点）は原著のものである。引用の中で［］で囲んだ語句は引用者が補ったものである。引用文のカタカナ表記は、ひらがなに改めた。

二〇一八年五月　池田信夫

序章

明治の国体に抗して

丸山眞男は一九一四（大正三年）年、著名なジャーナリストだった丸山幹治の次男として大阪に生まれ、大正デモクラシーの中で育った。父は生涯に八つの新聞社を渡り歩き、大阪朝日新聞では論説を書いた著名な政論記者だったが、白虹事件による発禁処分に抗議して長谷川如是閑などとともに朝日を退社した。

幹治はその後も東京日日新聞などに勤務し、政府に出入りできるインサイダーだった。丸山は父を嫌っていたが、その影響は大きい。戦後に多くの人が知ったリベラリズムを、彼は子供のころから父を通じて知っていたのだ。彼も一時はジャーナリストになるつもりだったと語っており、その論文も（いい意味で）ジャーナリスティックな文体である。

特高警察の体験

丸山は東京府立第一中学（現在の日比谷高校）から、第一高等学校（現在の東京大学教養学部）に進学した。旧制高校は左翼の嵐が吹き荒れていたが、彼自身は「アンチ左翼」だったという。左翼化するのは軍人の息子などに多く、彼は「なまじっか思想的洗礼を受けているから、急速に左翼化した連中に対して、なんだあいつら、という気がするわけです」という。

彼の原体験は、高校三年のとき特高警察に検挙された事件だった。たまたま通りがかった長谷川如是閑の主催する唯物論研究会（マルクスの『ドイツ・イデオロギー』の読書会）に観衆として参加したところ、戸坂潤が開会を宣言した直後に警察署長が研究会の解散を命じ、丸山は検挙されて警察で取り調べを受け、ポケットに入れていた手帳の言葉を刑事に見とがめられた。

彼はドストエフスキーの「わが信仰は懐疑の坩堝の中で鍛えられた」という言葉を引用して、「日本の国体は果たして懐疑の坩堝の中で鍛えられているであろうか」と手帳にメモしていたが、刑事はそれを見つけて「貴様！　君主制を否定するのか！」とビンタを食らわし、丸山は泣き伏してしまったという。「国体を変革」することは治安維持法違反だからである[1]。

刑事は単に「国体」という言葉に反応して、丸山を危険分子とみなしたのだろう。同じ研究会で検挙された学生には共産党のシンパもいたので、それは見当違いではなかったが、丸山に限ってはいくら拷問しても何も出てこなかった。彼はリベラルな父の影響を受け、共産党には距離を置いていたからだ。

のちに丸山は「当時の私には「国体」を否認する考えなど毛頭なかった」と回想している。寄宿寮の便所の壁に「天皇制打倒」という落書きを見たとき、「一瞬、生理的ともいうべき不快感に襲われた」という[2]。

結果的には不起訴になったが、このとき留置場で過ごした体験は、生涯を通じて丸山のトラウマになった。彼は「いつも誰かに監視されているような感じ」だったと語っている。その後も彼は大学一年の四月には学生課から呼び出され、毎年一度は定期的に特高の視察や憲兵隊への召喚を受けた。のちに助教授としては珍しく徴兵されたのも、思想犯と疑われたことが影響していたと思われる。

マルクス主義との距離

丸山の世代の知識人の思想形成は、マルクス主義への心酔とそこからの脱却という形で理解できることが多いが、彼は父がリベラルだった影響で、社会主義には免疫があった。若いころはそれほど政治的な関心はなく、彼はドイツ文学を志望していたが、父に「文学は大学でなくても勉強できる」と説得されて法学部に行くことにしたという。

一九三四年に丸山は東京帝国大学法学部に入学したが、官僚になる気はなかったので、政治学科に入った。丸山の入学当時は学生運動は、治安維持法の強化で下火になっていた。彼は岡義武の講義で『日本資本主義発達史講座』を読むなど、マルクス主義の学問的な影響は受けたが、マルクス主義者にはならなかったという。

哲学を好んだ丸山の原点はマルクスではなく、新カント派だった。これはカントが自然科学を基礎づけたように社会科学を実証科学として基礎づけようとするもので、価値判断は事実から導けないとするマックス・ウェーバーのような立場だった。そういう認識論からみると「マルクス主義哲学は、いかに素朴唯物論と異なることを力説しても、認識論としては究極のところは模写説に立っております」[3]と丸山は考えた。

これは誤解である。模写説はレーニンが『唯物論と経験批判論』で論じてスターリンがソ連の公式学説にしたもので、それに該当する記述をマルクスの著作に見出すことはできない。思想史的にみると、ヘーゲルが世界の「主体かつ実体」として想定した絶対精神を「社会的諸関係」に置き換えたのがマルクスの唯物論だというのが最近の標準的な理解であり、彼の思想は素朴実在論とはまったく違うものである。[4]

ただマルクスはこういう認識論的な議論をあまり厳密にしておらず、『経済学・哲学草稿』などの初期のヘーゲル的な文献も丸山の時代には刊行されていなかったので、それを素朴実在論と誤解するのは無理もない。丸山はこのようなマルクス主義（のレーニン的理解）にどうしてもついていけず、方法論を模索した結果たどりついたのがカール・マンハイムだったという。

マンハイムの「存在拘束性」（思想がその人の社会的立場に影響される傾向）は、マルクスのイデオロギー論を階級意識ではなく一般的な価値観として読み替えたものだ。[5]マンハイムが「俗流マルクス主義」と呼んだ階級闘争史観や経済決定論を丸山はマルクス主義と解釈したが、実際にはマンハイムの知識社会学は現代的なマルクス解釈とそう違うものではない。結果的には、マルクスを誤解してそれに依拠しなかったことが、丸山が戦後の知識人を圧倒的に支配した社会主義の影響をまぬがれる原因になった。

弁証法的な全体主義

ただ彼がマルクス主義と無縁だったわけではない。丸山は一九三六年、大学三年のとき南原繁が出題した懸賞論文に応募した論文「政治学に於ける国家の概念」で、第二席A（第一席なし）を得た。これはヘーゲルやカール・シュミットに依拠した観念的な論文で、ファシズムに英米的な「個人主義的国家」を対比し、自由な個人の「市民社会」というのはブルジョア的な幻想で、「夜警国家」といえども市民を守る夜警なしには成り立たないという。こうした「弁証法」によって個人主義的国家観はファシズムに「転回」する。

彼はファシズムを「一方の極に絶対的な国家主権、他方の極に一様に均らされた国民大衆といふのがその真実の様相であつて、畢竟それは市民社会の本来的な傾向の究極にまで発展したものにほかならない」と批判し、それを労働組合を国家で置き換える「組合国家」と規定する。この論文の最後は次のように結ばれる。

個人は国家を媒介としてのみ具体的定立をえつつ、しかも絶えず国家に対して否定的独立を保持するごとき関係に立たねばならぬ。しかもそうした関係は市民社会の制約を受けている国家構造からは到底生じえないのである。そこに弁証法的な全体主義を今日の全体主義から区別する必要が生じてくる。(6)

市民社会の矛盾を国家によって解決するというのはヘーゲル法哲学と同じ論理だが、ここではその一つとしてファシズムを位置づけ、「全体主義」という言葉を肯定的な意味で使っている。のちに彼は「あのころぼくは非常にマルクス主義に近づいていました」と認め、「弁証法的全体主義」はマルクス主義的な変革を想定し、「ファシズムは矛盾の論理がないからニセモノの全体主義だ」といおうとしたのだという。(7)

これに対して南原に「筆者のいう弁証法的全体主義の社会的基礎は何だ」とコメントされて答に窮したと回想している。「もうあの時代には、その基礎はプロレタリアートだとはいえなかった」。彼はマルクス主義に全面的に共感したわけではなかったが、「目の前の現実を超越した価値にコミットしないと、本当に危機になったとき自分を支えきれないんじゃないか」と考えたという。

この論文の論理展開は学生としては立派なもので、これで丸山は南原に認められ、法学部の助手として採用された。これは法学部のエリートコースで、給与をもらいながら助手論文を書ける特権があった。任期は二年で、その後は「中学の教員になる覚悟はあるか」といわれたという。

ドイツ観念論の影響を受けた丸山は西洋政治思想を専攻するつもりだったが、南原から新たにできる東洋政治思想史の講座を担当するよう求められた。その内容は文部省が「国体講座」

として設けた日本思想史の講義だったが、南原は当時、いかがわしい日本主義思想が横行しているのを是正しようとし、津田左右吉を早稲田大学から非常勤講師として招いた。

だが津田は右翼の攻撃を受けて辞任したため、丸山が一九四〇年にその後を受けて講座を担当することになり、二十六歳で東京帝大法学部の助教授に就任した。彼は日本の政治思想には興味がなかったようだが、結果的には、いかにも西洋的な発想で日本の伝統を見た「異種混合」が創造的な思想を生んだ。彼が西洋政治思想史を専攻していたら、常識的な業績しか残せなかっただろう。そのドイツ観念論にもとづく政治思想は古めかしく、戦後の実証主義的な政治学では時代遅れだった。

第一章

自然から作為へ

丸山の終戦までの著作は江戸時代の儒教についての文献学だが、徳川家の御用学者だった荻生徂徠を「日本のマキャベリ」に見立てる解釈には無理がある。だが、それは表現に制約の多かった戦時下に書かれた「暗号」でもある。国家が儒教的な「自然」ではなく、人間のつくった「作為」だという主張は、天皇支配を古来の伝統として絶対化する国体論への批判でもあった。

そういう暗号から丸山のモダニズムを読み取ることは、それほどむずかしくない。本人ものちに、その意図を明かしている。学生時代にはマルクス主義に接近した彼がそこから離れ、徂徠の中にあこがれの西洋近代を読み取ったことは明らかだが、彼はそれほど単純なモダニストではなかった。そこには儒学に託して彼の語ろうとした「国民主義」の理想があった。

自然から作為へ

丸山のデビュー作は、一九四〇年に『国家学会雑誌』に掲載された「近世儒教の発展における徂徠学の特質並にその国学との関連」で、第二作「近世日本政治思想における「自然」と「作為」」とともに『日本政治思想史研究』に収められた。これは徳川家の御用学問だった朱子学を批判したオリジナルな思想家として荻生徂徠を高く評価し、それが本居宣長の国学に発展したという文献学である。

その発想は、よくも悪くも斬新だった。第一論文の冒頭にはヘーゲルの「歴史哲学緒論」の「シナ及び蒙古帝国は神政的専制政の帝国である。ここで根柢になっているのは家父長制的状態である」という言葉が引用されている。(1) ヘーゲルは「東洋的専制」を歴史の最初期の段階とし、そこからギリシア・ローマ時代の「西洋文明」に発展し、ゲルマン世界において歴史が完成するという発展段階史観を描いた。

江戸時代の儒学の研究論文にヘーゲルを引用するのは普通ではなく、ディレッタンティズムとみられかねないが、そこには丸山の意図があったものと思われる。それは儒教は本質的な研究対象ではなく、それを通じて時代に対する普遍的なメッセージを書きたいということである。これは彼がのちに明言している。

スコラ自然法と、儒教の自然法とがパラレルになるのです。その解体過程を、ボルケナウなんかの影響で問題にしている。[中略] 自然法は人間がつくったものではない。規範というものが自然に存在するのだという考え方から、人間がつくったのだという考え方へ転換する、これが近代なのだという。それを下敷きにして見ると、朱子学的自然法の解体という考え方が出てくる。(2)

ここでは江戸時代の儒学は素材にすぎず、丸山が語ろうとした物語は、国体を自然な伝統として語る前近代的な日本を批判し、制度を作為として相対化する近代的主体を描くことだった。この時期はすでに日中戦争に始まる戦時中であり、自由主義的な言説は厳格に取り締まられた。荻生徂徠は、マルクス主義者フランツ・ボルケナウの図式を日本に適用した隠喩だったのである。

徂徠が「近代的思惟様式」の元祖だという丸山の発想は、単なる文献学ではなかった。徂徠は徳川幕府の秩序が崩れ始めた時代に、国家を自然法則にもとづく秩序として絶対化する朱子学を批判し、制度は「聖人」によってつくられた人為的なものだというのが丸山の図式だった。

徂徠の提言は貨幣経済を否定し、武士を領地に住まわせ、人口移動を制限して身分制度を厳格化する復古的なものだったが、丸山は徂徠の方法論に近代性を求めた。ここでは国家秩序の安定という目的が明確に意識され、その目的を達成するために幕府は（絶対君主のように）自由に制度を変えることができるとする。

徂徠の古文辞学は、朱子学のように解釈まで固定する教条主義を否定し、原典に回帰するモダンな方法論だった。その先駆者は伊藤仁斎だが、徂徠はゲマインシャフトの「有機体的思惟」である朱子学を否定し、機能的なゲゼルシャフトの論理を提示して「自然から作為へ」の転換をなしとげたというのが丸山の解釈だが、士農工商の身分制度を「聖人」の秩序とする徂徠には作為的な契約の観念はなく、幕藩体制以外の制度は念頭になかった。

徂徠が絶対的な規範とした聖人は超越的な神ではなく「先王」だったが、それが誰をさすのかは不明だ。徂徠学は徳川家の支配を正当化するものであり、その内容は保守的である。徂徠が生きたのは徳川幕府の全盛期だった元禄年間であり、幕藩体制の限界を意識しなかったのは当然である。彼の学問的な影響は幕末まで続いたが、政治的な影響はなかった。彼の中に近代の萌芽を読み取るのは牽強付会である。

本居宣長の国学が徂徠の「作為」を受け継いだという図式に至っては、不可解というしかない。(3) 宣長の政治的主張は「時々の御法《みのり》も神の時々の御命《みこと》」という幕藩体制の肯定であり、彼は「やまとごころ」の本質を『古事記』に求め、その記述をすべて史実と考えた、どうみても保守的な思想である。

ところが丸山はこれを「現秩序に対する反抗が否認されると同時に、その絶対性の保証もまた拒否される」と解釈し、「内容としての封建制は肯定されることに於て同時に否定される」という。(4) こういう「弁証法的」なレトリックが多用されるのも初期の論文の特徴だが、意味不明である。宣長は明らかに既存の法律を「神々の法」として肯定したのだ。

発展段階論の罠

丸山がこのようにかなり強引な読み込みで「近代的思惟」の発展にこだわった本当の理由は、

のちに『日本政治思想史研究』の英語版序文で明かしたように、京都学派を中心にして提唱された「近代の超克」論を批判することだった。

> 私の脳裏にはあきらかに、徂徠学と宣長学との思想構造の連関を、ヘーゲルとマルクスのそれにたとえる意図があった。したがって、初稿には「宣長学にとって、徂徠学的思惟方法は、〝逆立ちした真理〟であった。宣長はこの逆立ちした真理を再転倒させることによって、徂徠学を継受した」というふうに表現されていた。(5)

この「逆立ちした真理」というのは「ヘーゲルの弁証法は逆立ちしている」というマルクスの有名な言葉を下敷きにしたものだが、南原が書き改めるように助言したという。それはこの表現をけしからぬと考えたからではなく、「思想警察」の監視下に置かれていた丸山が、マルクスを連想させる表現を使うのは危険だと考えたためだった。

丸山が（暗黙のうちに）問いかけたのは、日本は超克するほど近代化されたのか、そしてそれを超克できるような古来不変の伝統をもっているのか、ということだった。文献学的にみると、朱子学→古学→国学という発展段階論的な理解に無理があることは後年、彼自身が認めている。

本書の第一・第二両章に共通する前提は、江戸時代の初期に、著者［丸山］のいう「朱子学的思惟様式」が社会的にひとたび普遍化し、その普遍性が十七世紀の後半から十八世紀初頭にかけて徐々に崩壊して、古学派の台頭によって口火をきられたような挑戦にさらされる、ということである。けれども、この前提はあまりに歴史的進化の考えに捉われているだけでなく、具体的な事実にも正確に対応しているとはいえない。(6)

時系列的にも、山崎闇斎が「純正な朱子学」を講じ始めたのは一六五五年だが、山鹿素行がそれに挑戦した『聖教要録』が刊行されたのは一六六六年、「古学派」の伊藤仁斎が『論語古義』の草稿を完成したのは一六六三年ごろである。つまり朱子学の普及と、それに対する古学による挑戦は同時に進行し、幕末まで朱子学は幕府の公式の学問だった。こう自己批判した丸山は「本書の基底に流れている「朱子学的思惟様式の普及と、それにつづくその漸次的な解体」とか、あるいは「自然から作為へ」といった進化論的図式が、どこまで歴史的実証に堪えるか、については少なからず疑問の余地がある」と指摘している。

これは朱子学的思惟様式の発展と没落を歴史的にとらえるという論文の骨格を否定したに等しい。こうした丸山の歴史主義の原型になったのは、ヘーゲルの発展段階論とともに、シュミットの政治神学である。中世から近世へのキリスト教の変化と徳川時代を比較するとき、シュミットの「近代国家論の重要な概念はすべて神学的概念の俗化したものである」という『政治神学』の有名なテーゼを引用して、丸山はこう書く。

聖トマスによって代表される盛期スコラ哲学からいわゆる近世哲学の最初の樹立者といわれるデカルトに至るまでの哲学史は神の絶対性＝超越性の強化の歴史であるということは一つの逆説的な真理である。(7)

近代科学はキリスト教の否定から生まれたのではなく、キリスト教神学から生まれた。「すべての制度はフィクションだ」というのが丸山の口癖だったが、人々を行動に駆り立てるのは何かを絶対化する信仰である。幕藩体制を破壊したのも徂徠の合理主義ではなく、天皇を絶対化する後期水戸学の影響を受けた尊王攘夷思想だった。

朱子学の解体過程に丸山が対応させたのは、ドゥンス＝スコトゥスやウィリアム・オブ・オッカムなどの中世神学である。ここでは普遍＝神が不可知の存在として棚上げされ、神の秩序は自然の中に求められる。神はカトリック教会から切り離され、個人が信仰によって神に直接従うとした宗教改革が近代の出発点だった。モダニティの起源を啓蒙思想ではなくスコラ哲学に求める丸山の解釈は、最近の研究と大きくは違わない。(8)

しかし徳川幕府は、中国の皇帝とは違って「聖人」そのものにはなりえない。スコラ哲学とのアナロジーでいえば、幕府はカトリック教会のような代理人であり、絶対者としての天皇が天だとすれば、「天理」に反する幕府を倒して侵略の脅威から日本を守る儒教的な「革命」が正当化されるというのが尊王攘夷の思想だった。すべての秩序は人為的に変えることができるとした徂徠から（丸山が高く評価しなかった）吉田松陰までは、ほんの一歩である。

前期的な国民主義

『日本政治思想史研究』の第三章「国民主義の「前期的」形成」は、丸山が帝大助教授としては異例の召集令状を受け取った後に急いで書かれた。二等兵として召集される日の朝までかかって書き上げ、入営地の松本に向かう列車に乗るとき、新宿駅で同僚の辻清明に手渡したという。これが遺書になることも覚悟したのだろう。

ここで国民主義と訳されているのは nationalism だが、それは当時としては禁句だった「民主主義」の意味も含んでいる。この論文は、本来は明治期の国民主義から国家主義への変容を書く「国民主義理論の形成」という論文が、出征によって「前期的」な江戸時代の部分だけになったものだ。

この「前期的」は彼も書いているように大塚久雄の影響で、ウェーバーの理想化した産業資本主義まで発達しない資本主義という意味だ。丸山の前期的国民主義は商業資本とは無関係だが、大塚の発想は後々まで丸山の重要なコンセプトになった。それは「自立した市民」という理想化された西洋的人間像であり、多分にキリスト教の影響を受けていた。丸山自身はクリスチャンではなかったが、大塚も南原もクリスチャンだった。

大塚史学は戦後の一時期には経済史を超える分野に大きな影響を与え、大塚は近代化論の教祖的な存在だったが、最近では彼が戦争に協力した事実も明らかになっている。一九三五年の論文で大塚は「ユダヤ人のうちに、かの「寄生的」（非生産的）な営利「慾」が純粋培養に近い姿で見出される事は、ヒットラーをまつ迄もなく、すでにウェーバーが、むしろ彼こそが、強調して止まなかったところである」と書き、国家権力に寄生して流通過程で利鞘をかせぐユダヤ商人を寄生的な「前期的資本」として否定した。(9)

こういう資本主義の理解は、最近の歴史学では否定されている。資本主義はもともと「ユダヤ的」であり、それは大塚の美化した「自立した市民」によってではなく「軍隊的に組織された労働者」によって可能になった。そのインフラを提供したのは、新大陸やアジアから略奪した前期的資本だったのだ。(10)大塚の信じていた「よい資本主義」は、日本人の西洋へのあこがれを歴史に投影した幻想だった。

大塚の理想は人々を国民として戦争に総動員する思想であり、丸山の第三論文にもその影響がみられる。江戸時代のナショナリズムとして誰でも連想する尊王攘夷は、第三節で否定的にふれられているだけだ。これは「時局的」には会沢正志斎や吉田松陰を否定的に評価することには危険がともなうという事情もあったと思われるが、戦後も含めて、丸山の尊王攘夷に対する評価は低い。その理由は次のように書かれている。

仲介勢力の自立的存在が国家と国民の内面的結合の桎梏をなしている以上、その克服者としての国民主義理念は当然に、この様な集中化と拡大化という両契機を同時的に内包しつつ、そのいわば弁証法的な統一過程に於て自己を具体化する。〔中略〕

ところで「前期的」国民主義思想は上の如き二契機の軽重なき均衡の上に発展したであろうか。答は明白に否である。そこでの終始圧倒的な役割を与えられたのは容易に見らるる如く政治的集中の契機であった。[11]

前期的な国民主義は幕藩体制の中の絶対主義の側面を強めたもので、それだけでは近代社会はできない。それは国民の形成に不可欠な民主主義が欠けているからだという。この論文は「全国人民の脳中に国の思想を抱かしめる」という福沢諭吉の言葉で締めくくられる。ここでは民主主義は、ナショナリズムとほぼ同義である。それがナショナリズムを丸山が「国民主義」と訳した所以だろう。

第二章　無責任の体系

一九四五年八月、丸山は広島県の宇品にあった陸軍船舶司令部で、一等兵として終戦を迎えた。丸山は情報班だったのでポツダム宣言も知っており、驚かなかったという。彼は八月六日の原爆投下のときも宇品にいたが、たまたま建物の陰にいて助かった。「あと十秒か二十秒早く［原爆投下の］ボタンが押されていたらアウト」だったから「戦後の命は丸もうけ」だと思っていたと語っている。(1)

戦争という極限の体験が、丸山の思想に与えた影響は大きい。それは軍国主義とか帝国主義といった観念ではなく、兵士としての体験にもとづくものだったが、彼は被爆体験を含めて戦争体験をほとんど語っていない。だが戦争体験を「無責任の体系」という日本人の精神構造の問題として抽象化することによって、彼は戦後の日本人の思考に深い影響を与えたのである。

終戦の日

戦争で日本が焦土になったとき、日本政府が最後まで降伏をためらった原因は「国体護持」だった。ポツダム宣言は「日本国国民が自由に表明した意志による平和的傾向の責任ある政府の樹立を求める」としており、天皇制の維持を約束していなかった。これに対して日本政府が国体の護持を求めたが、連合国は拒否した。

丸山が八月十六日に上官（谷口参謀）に呼び出されて日本の行く末について一週間の講義を命じられたとき、彼が思い詰めたような表情で質問したのも「連合国は民主主義と言っているが、そうなると陛下はどうなるのか？　君主制は廃止されるのではないか？」ということだった。丸山は次のような意味の返答をしたという。

御心配には及ばないと思います。民主主義がわが国体と相容れないというような考え方はそれこそ昭和の初めごろから軍部や右翼勢力を中心にまかれて来たプロパガンダです。国法学の定義としても、君主制と対立するのは共和制であって、民主制ではありません。民主制は独裁制にたいする対立概念です。イギリスは君主制ですが、きわめて民主的な国家であり、逆にドイツは第一次大戦以後、共和国になりましたが、その中からヒットラー独裁が生れました。(2)

丸山は明治憲法を民主制の一種と理解していたことになる。「天皇制」は政治学用語では君主制であり、民主制と対立するものではない。(3)明治憲法が絶対君主制と区別されるのは、その権限が憲法に制約される点である。第四条には「天皇は国の元首にして統治権を総攬し此の憲法の条規に依り之を行ふ」と書かれており、戦争も憲法にもとづいて昭和天皇の書いた「宣戦の詔書」に帝国議会が「協賛」して始まった。丸山は天皇の意に反して戦争が起こされたことを知っていた数少ない日本人だった。

終戦直後、政府が恐れていたのは共産党が敗戦に乗じて権力を取ることで、天皇はその歯止めとして必要とされた。この点はアメリカも同じで、連合国軍最高司令官総司令部（ＧＨＱ）のダグラス・マッカーサー最高司令官も「天皇がいなかったら日本の占領統治には百万人の兵力が必要になる」と述べた。

次に天皇の地位が大きな争点になったのは、日本国憲法の起草のときだった。マッカーサーは天皇制の存続を決めていたので、本国や極東委員会（連合国の最高意思決定機関）の異論を押し切って天皇を元首のような地位に置く憲法を「マッカーサー・ノート」に書いた。このとき日本の中核的権威を残したままではまた脅威になる可能性があるという極東委員会の懸念に応えて、日本を武装解除する第九条を入れた。天皇には終戦処理が終わったら退位する意向もあったようだが、一九四八年ごろには冷戦になって状況が変わり、なし崩しに在位することになった。

天皇制の精神構造

一九四六年の『世界』五月号に掲載された丸山の「超国家主義の論理と心理」は、戦後の社会科学に最大の影響を与えた論文といってよい。『中央公論』が一九六四年に行った「戦後日本を創った代表論文」という特集では、圧倒的多数の票で第一位に選ばれている。

ただ発表された当時は、それほど大きな影響を与えたわけではない。当時の論壇の主流を占めたのはマルクス主義であり、戦争についても日本帝国主義や「天皇制ファシズム」を糾弾する左翼的な論調が圧倒的に多かった。それを社会主義の理論で論じなかった丸山は当時としては保守派であり、「近代主義」という奇妙なレッテルを貼られる存在だった。

講座派マルクス主義の図式でみると、第二次大戦は絶対君主である天皇を頂点とする日本帝国主義がアジアを支配するために起こした侵略戦争であり、それを支えたのは不在地主と財閥を中心とする封建的な経済構造だった。これは占領軍の考え方でもあり、彼らは農地改革と財閥解体で日本の戦争の原因を根絶しようと考えた。

そういう中で、戦争の原因を日本人の心理に求める丸山の論文は異色だった。「終戦直後に輩出した日本の天皇制国家構造の批判は殆どみなコンミュニズムか少くもマルクス主義の立場から行われたので、自から経済的基盤の問題に集中されるか、でなければ「政治的」な暴露に限られていた。［中略］こうした精神構造からのアプローチがひどく新鮮なものに映じたわけである」と丸山も当時を振り返っている。(4)

既存の理論は使えなかったので、丸山は自分で「鋳造」した言葉で書いた。タイトルになっている「超国家主義」も、彼の造語である。彼はこれを冒頭で「日本国民を［中略］今次の戦争に駆りたてたところのイデオロギー的要因は連合国によって超国家主義《ウルトラ・ナショナリズム》とか極端国家主義《エクストリーム・ナショナリズム》とかいう名で漠然と呼ばれている」と書いているが、ポツダム宣言などの連合国の文書にそういう言葉は出てこない。それに近いのは、一九四五年に占領軍の出した神道指令に出てくる「軍国主義的あるいは過激な国家主義的イデオロギー」という言葉だが、「ウルトラ・ナショナリズム」という言葉はない。

彼は日本の超国家主義をシュミットのいうヨーロッパの「中性国家」と対比し、「ヨーロッパ近代国家はカール・シュミットがいうように、中性国家（Ein neutraler Staat）たることに一つの大きな特色がある」という。これに対して日本では「国家的なるものの内部へ、私的利害が無制限に侵入する」ことが超国家主義のコアだと指摘する。

> 国家主権が精神的権威と政治的権力を一元的に占有する結果は、国家活動はその内容的正当性の規準を自らのうちに（国体として）持っており、従って国家の対内及び対外活動はなんら国家を超えた一つの道義的規準には服しないということになる。(5)

これはシュミットの議論とは逆である。彼はホッブズの理想とした中性国家は欺瞞だと批判し、それを超える超越的な主権者を求めた。(6) それが彼がナチスに協力した理由でもある。丸山はシュミットを「尊敬すべき敵」として高く評価したが、日本ファシズムを（理想としての）

中性国家とは異なる特殊な国体として論じたのは誤りだった。もしシュミットが国体という言葉を知っていたら、「それこそ私の求めるものだ」といっただろう。

大日本帝国の国体は、超法規的な主権者としての天皇が決断する「一君万民」の集権国家だった。それは君主制だったが、多くの人々が支持したという意味ではデモクラシーだった。だが天皇がすべて決断できるはずがないので、実質的な意思決定は何者かに委任しなければならない。

ドイツでもイギリスでも君主の代理人は首相だったが、明治憲法は内閣を憲法から削除して各省をばらばらにし、議会との関係も断ち切ったので、その空席を埋めるために元老が出てきた。この点では大統領に「主権」を与えなかった合衆国憲法の思想と似ているが、明治天皇には軍を指揮する権限がなく、議会も内閣と無関係だったので、元老だけが正統性の源泉だった。試験によって選抜された官僚は藩閥と無関係だから、日清戦争のころから藩閥政権に対する反発が強まり、元老の力は弱まった。

立憲君主制における首相の権力基盤は君主ではなく、議会の支持だった。政党政治を否定した明治憲法の設計には、根本的な欠陥があった。それはシュミットも一九四〇年代に初めて気づいた、非自由主義的デモクラシーの欠陥だった。シュミットの賞賛したヒトラーにみられるように、国家と私的利害の癒合はヨーロッパでも起こるのだ。

丸山の問題は「何となく何物かに押されつつ、ずるずると国を挙げて戦争の渦中に突入したというこの驚くべき事態は何を意味するか」ということだった。彼はその背景に既成事実に屈服しやすい日本人をみたが、それを屈服させたのはナチスのような独裁者ではなかった。むしろ「寡頭勢力がまさにその事の意識なり自覚なりを持たなかった」ことが日本の軍国主義の特徴だという。彼は東條英機の国会答弁を引用する。

独裁政治といふことがよく言はれるがこれを明確にして置きたい。［中略］東条といふものは一個の草莽の臣である。あなた方と一つも変りはない。たゞ私は総理大臣といふ職責を与へられてゐる。ここで違ふ。これは陛下の御光を受けてはじめて光る。陛下の御光がなかつたら石ころにも等しいものだ。(7)

東條は自分を支えるのは「陛下の御光」だというが、天皇も光を発することのできない受動的な立憲君主だった。日本を戦争に駆り立てた究極の光源がどこにあったのかは不明だが、ともあれそれは取り除かれた。丸山はこの論文を次のように結ぶ。

日本軍国主義に終止符が打たれた八・一五の日はまた同時に、超国家主義の全体系の基盤たる国体がその絶対性を喪失し今や始めて自由なる主体となった日本国民にその運命を委ねた日でもあったのである。(8)

これがのちに「八月革命」と呼ばれる宣言である。丸山は革命という言葉を使ったわけではないが、ここには戦時中の日本をおおっていた暗雲が消えた解放感が現れている。それは日本国民が戦い取った革命ではないが、それまでずるずると続いていた政権をくつがえした点では革命だった。

既成事実への屈服

「超国家主義」論文では国家論として観念的に語った問題を、東京裁判（極東軍事裁判）の記録にもとづいて具体的に論じたのが、一九四九年の「軍国支配者の精神形態」である。かつては支配の根拠が天皇からの距離に比例し、上からの圧迫感を下への恣意の発揮で解消する「抑圧の移譲」が日本軍の特徴だと考えた丸山が、ここでは逆に当時の最高責任者が誰も自分の責任を認めなかったことに注目している。

陸軍の軍務局長として最大の実力者だった武藤章は「陸軍大臣は閣議で決定した事項を実行せねばなりません。［中略］軍務局の為すのはこの政治的事務でありまして政治自体ではないのです」というが、実際には武藤の決めたことを陸相は事後承認するだけだった。東京裁判で、南京事件のときの中支方面軍の司令官として死刑になった松井石根は次のように答えた（丸山の引用による。一部略）。

検察官　中支方面軍司令官の職というものは、あなたの麾下の部隊の軍紀、風紀の維持に対するところの権限をも含んでいなかったということを言わんとしているのですか。

松井　私は方面軍司令官として部下の各軍の作戦指揮権を与えられておりますけれども、その各軍の内部の軍隊の軍紀、風紀を直接監督する責任はもっておりませんでした。

検察官　しかしあなたは、軍あるいは師団において軍法会議を開催することを命令することは、できたのですね。

松井　命令すべき法規上の権利はありません。

検察官　それでは、あなたが南京において行われた暴行に対して厳罰をもって報ゆるということを欲した、このために非常に努力したということを、どういうふうに説明しますか。

松井　全般の指揮官として、部下の軍司令官、師団長にそれを希望するよりほかに権限はありません。（！）[9]

これが丸山のいう「権限への逃避」だが、ナチスと比較して日本軍の「無責任の体系」を批判するのは疑問で、ニュルンベルク裁判でナチスの戦犯容疑者も、このような法的権限への逃避で責任をまぬがれようとした。[10] それはどこの国の官僚にもあることで、特殊日本的な傾向とはいえないが、そこに丸山が見出したのは「既成事実への屈服」だった。

ここで「現実」というものは常に作り出されつつあるもの或は作り出され行くものと考えられないで、作り出されてしまったこと、いな、さらにはっきりいえばどこからか起って来たものと考えられていることである。「現実的」に行動するということは、だから、過去への繋縛のなかに生きているということになる。従ってまた現実はつねに未来への主体的形成としてでなく過去から流れて来た盲目的な必然性として捉えられる。[11]

彼はこのような倒錯した意思決定の原因を明治憲法の欠陥に求め、「明治藩閥政府が自由民権運動をあらゆる手段によって抑圧し、絶対主義のいちじくの葉としての明治憲法をプロシアに倣って作り上げた時に既に今日の破綻の素因は築かれてはいた」という。ここでは明治時代の基本的な対立として藩閥政府と自由民権運動という図式が描かれ、その延長上に昭和の軍部と政党政治の対立があったと丸山は考えている。

丸山は、ファシズムの担い手は「本物のインテリ」ではなく、小中学校の教員や村役場の下級官吏のような「亜インテリ」だったと書いた。[12] 彼のいう亜インテリは「中間階級」の下位区分で、それに対する「本来のインテリ」は「都市におけるサラリーマン階級、いわゆる文化人乃至ジャーナリスト、その他自由知識職業者（教授とか弁護士とか）」で、こういう本物のインテリは「ファシズムに適応し追随はしましたが〔中略〕積極的なファシズム運動の主張者乃至推進者ではなかった」という。

このようにインテリを特権化する議論は丸山の特徴で、彼自身はそういう意図がなかったとしても、「東大教授のエリート主義」として（特に左翼から）強い批判を受けた。民衆の知識水準が上がって「亜インテリ」になって大衆民主主義が生まれたことは事実だが、のちにみるように本物のインテリの果たした役割も大きかったのである。

軍国主義はファシズムか

丸山が「超国家主義」という言葉を使ったのは一九四六年の論文だけで、その後は「ファシズム」という言葉を使うようになったが、一九三〇年代に日本を戦争に引きずり込んだのは「ファシズム」だったのだろうか。

ファシズムはムッソリーニの始めた運動の名称で、ヒトラーのナチズムもこの名で総称することは国際的に定着している。これはカリスマ的な指導者が右翼的イデオロギーで民衆を動員する政治運動で、彼らが政権を取って国家を指導したのが特徴だが、日本にはそういう意味でのファシズムはなかった、というのが最近の歴史学の理解である。(13) ファシズムの代表とされる大政翼賛会も、一九四〇年十月に結成されてから、翌年四月に改組されて近衛文麿首相が失脚するまで、実質的には半年しか活動しなかった。その後は東條英機が総裁になり、形骸化して内務省の下部機関となった。日米戦争を実行したのは、翼賛会を換骨奪胎した国家社会主義の革新官僚だった。

丸山がファシストとしてあげた日本主義の右翼やファシストは、政権をとることができなかった。そういう思想は北一輝や大川周明などによって提唱され、北の『国体論及び純正社会主義』はファシズムの理論としても第一級である。その内容はオリジナルではないが、当時の国家主義の思想を体系的に述べている。

三〇年代には多くの右翼団体が生まれたが、彼らの運動は政権を掌握するには至らなかった。それにもっとも近づいたのが、北の影響を受けて青年将校が武装蜂起した一九三六年の二・二六事件だが、これは陸軍の統制派に制圧され、運動としてのファシズムは挫折した。丸山はこう書く。

大衆的組織をもったファシズム運動が外から国家機構を占拠するというような形はついに一度も見られなかったこと——、むしろ軍部、官僚、政党等の既存の政治力が国家機構の内部から漸次ファッショ体制を成熟させて行ったということ、これが日本のファシズムの発展過程におけるもっとも大きな特色であります。〔中略〕支配機構の内部から進行したファシズムは軍部、官僚を枢軸として、こういう急進ファッショの社会的エネルギーを跳躍台として一歩一歩自分のヘゲモニーを確立していったこと、これが重要な点であります。(14)

このように「下からのファシズム」運動が挫折した一方で、既存の支配層である軍・官僚機構や政治家が戦争に傾斜していった「上からのファッショ化」が、日本の特徴だ、と丸山は論じた。だとすれば、それをファシズムと呼ぶことはミスリーディングである。丸山はファシズムを「二十世紀における反革命《カウンター・レヴォリューション》の最も尖鋭な最も戦闘的な形態」[15]と定義したが、これも疑問である。ハンナ・アーレントがナチズムとボルシェヴィズムを「全体主義」と総称したように、共産主義にも独裁的な性格が強いからだ。[16]

アーレントにならって、代表制が機能しない大衆社会の危機に対応する主権者として登場した独裁制をファシズムと考えると、日本の軍部支配はファシズムとはいえない。独裁者は不在で、政党は存続した。本来の主権者である天皇はファシズムに反対していた。よくヒトラーに比せられる東條英機は権力基盤が弱体で、それを補うために首相と陸相と参謀総長を兼務した。[17]実質的な意思決定を行ったのは現場の将校であり、彼らをあおったのは新聞の戦争報道だった。

明治憲法で名目的な主権者である天皇に直属する形でばらばらに配置された行政機関は、幕藩体制のタコツボ構造を各省のタコツボに置き換えたものだ。これは全体を支配する強大な主権者を排除して内戦を防ぐシステムだが、対外的な戦争の意思決定には主権者が必要になる。既存の政党の寄り合い所帯でそれを実現しようとした近衛の認識はそれなりに正しかったが、右翼は大政翼賛会を「幕府的存在だ」と攻撃した。

幕府という言葉は、江戸時代末まで使われなかった。これは徳川家は天皇を補佐する「幕僚」であり、その支配は天皇の大権を侵す越権行為だという水戸学の思想による言葉で、尊王攘夷運動で利用され、明治政府も使った。近衛も皇族で「みこし」としてかつがれる性格だったので、優柔不断で何も決めることができず、東條に一喝されて内閣を投げ出した。

このとき財閥も翼賛会に反対し、彼らを「赤」として取り締まるよう政府に求めたため、一九四一年の企画院事件で革新官僚が大量に検挙された。この結果、軍部の力が相対的に強まり――陸相・海相を武官とする慣例とあいまって――軍部が首相を決めることが常態化した。

日本の組織では、人事がすべてである。政策も戦略も、人事権をもつ者が決める。東條は軍人としては凡庸だったが、人事に介入して政治的に利用し、ライバルや気に入らない将校は前線に送った。前例主義が強く稟議を重視したため、既成事実に弱かった。東條が首相と陸相と参謀総長を兼務したのも独裁者だったからではなく、カリスマ的な求心力がなかったからだ。

大きな組織が権力分立的なタコツボ型になるのは普遍的な現象だが、日本ではタコツボの自律性が強く、その上に立つリーダーを無力化しようとするのが特徴だ。これは明治憲法では統帥権の独立として問題になったが、自立していたのは陸海軍と参謀本部だけではなく、各省の大臣も内閣とは独立に天皇に上奏できる権限をもっていた。しかも情報が共有されず、陸軍と海軍は大砲の口径やネジの巻き方まで別々になっていた。諜報機関として設立された情報局の総裁には朝日新聞主筆だった緒方竹虎が就任したが、陸海軍から情報が提供されないため機能しなかった。天皇は軍部の情報を信用せず、海外の短波放送を聞いていたという。

肉体政治とフィクション

丸山は日本の新聞社の政治部は「政界部」だといい、それは日本の政治に法の支配がなく、「顔」とか「腹」などの人間関係と切り離せない「肉体政治」だからだと（冗談めかして）述べている。[18] 会社はcompany、政党はpartyだが、いずれも原義は特定の目的のもとに友人が集まった結社（ゲゼルシャフト）である。近代社会の特徴は、このように契約によって人工的につくられたフィクションとしての組織が中核をなす点にあり、それは圧倒的多数の社会が自然な共同体（ゲマインシャフト）であるのと対照的である。

日本は明治期に法律や制度だけをゲゼルシャフトに変えたが、その根底においてゲマインシャフト的な性格を強く残している。特定の目的で集まり、終わったら解散するゲゼルシャフトでは、人々は戦略的に行動するので政策などの目標が重要だが、一生つきあうゲマインシャフトでは、どの親分についていったら次の選挙で生き残れるかという人間関係が重要で、政策はどうでもよい。逆に力のある親分が決めた政策が、党としての政策になる。

この原因を丸山は、日本では民主主義がフィクションだということが理解されていないからだとした。近代社会の本質は「人間の知性的な製作活動に、従ってまたその結果としての製作物に対して、自然的実在よりも高い価値を与えて行く態度」にある。これに対して「中世のように人間が出生や身分によって位階的に位置づけられ、社会関係が固定しているところじゃ、そういう人間の社会的環境がちょうど山や海や星と同じような自然的実在性を帯びて人間を囲繞している」。

〔前近代〕において尊重される「人間」とは実は最初から関係をふくんだ人間、その人間の具体的環境ぐるみに考えられた人間なんだ。〔中略〕ここで真実の支配者なのは君主でも領主でも家長でもなく、実は伝統なんだ。〔中略〕そこでは人間と人間が恰もなんらの規範をも媒介としないで、なんらの面倒なルールや組織をも媒介としないで「直接」に水いらずのつきあいをしているように見える。実は抑圧と暴力が伝統化されているために意識されないだけのことなのだが……。[19]

近代社会ではこうした属人的な関係が役に立たなくなるので、それを非人格的な法の支配に置き換える必要が出てくる。したがって「人間相互の直接的感性的関係がますます媒介された関係に転化するという面を捉えれば、近代化というのは人格関係の非人格化の過程ともいえる」が、そういう価値が個人に内面化される点では「非人格関係の人格化」ともいえる。この意味で法というフィクションを信じる近代的な主体をつくることが戦後日本の課題だ、と丸山は考えた。そのために必要なのは「一旦つくられたフィクションを絶対化することなく、その自己目的化を絶えず防止し、これを相対化すること」であり、それは憲法を絶対的な価値と信じる思想とは対極にあった。

第三章

平和憲法という国体

明治憲法は日本の「国体」を定めるものだといわれたが、その意味ははっきりしない。それが「万世一系の天皇による支配」という含意をもったため、戦後は使われなくなったが、日本国憲法も別の意味で国体と呼ぶことができる。Constitution（憲法）の本来の意味は、司馬遼太郎のいう「国のかたち」であり、国体という訳語がふさわしい。その本質は法律の条文ではなく、それを取り巻く制度と解釈の体系にある。

しかし、明治の国体を戦後の国体に変更する手続きには、大きな問題があった。新憲法には、大日本帝国憲法との連続性がないのだ。明治憲法は第七三条で改正の手続きについて「勅命を以て議案を帝国議会の議に付すべし」と定めているが、日本国憲法はその「改正」といえるものではなく、共通の条文がまったくない。そもそも天皇主権の欽定憲法を改正して、その自己否定である国民主権を定めることができるのだろうか。

「八月革命」の神話

そのギャップを埋めようとしたのが、宮沢俊義の「八月革命」説だった。これは新憲法が一九四五年八月十五日に起こった「革命」によって成立したというものだ。もちろん現実には、民衆が権力を倒すという意味での革命は起こっていないのだが、今でも憲法学界ではこれを信じる研究者がいて、不毛な憲法論争の一つの原因になっている。

宮沢は日本政府の出した明治憲法の改正案（いわゆる松本案）を書いた。それは天皇が統治権を総攬するという明治憲法の原則には変更を加えないで、議会の権限を拡大して天皇大権を制限するものだった。統帥権の独立は認めず、軍についても国務大臣が責任を負うものとし、国民の自由・権利の保護を強化し、その侵害に対する救済を定めた。この案は立憲主義的な規定が強まっているが、基本的には明治憲法の修正だった。

これをマッカーサーは「きわめて保守的」として却下した。天皇訴追を主張する極東委員会に対して断固たる姿勢をみせるためにも、明治憲法の改正ではない「革命的」な新憲法が必要だった。この点では天皇を占領統治に利用しようとしたマッカーサーと国内勢力の利害は一致していた。彼は一九四六年二月に次のような「マッカーサー三原則」を出した。

・天皇は国家の元首の地位にあるが、その権限は憲法にもとづいて行使される
・国権の発動たる戦争は廃止し、陸海空軍を持つ権能も交戦権も与えられない
・封建制度は廃止され、貴族の権利は失われる

これをもとにGHQ（連合国軍最高司令官総司令部）民政局が九日間で憲法を起草した。これは明治憲法との対応関係がなく、改正というよりまったく新たに憲法を制定するものだった。手続き論としては、たとえ抜本改正であっても、旧法との対応がないと実定法としての正統性は疑わしいが、宮沢はその直後の五月に「八月革命と国民主権主義」と題しこう書いた。

　この変革は、憲法上からいえば、ひとつの革命だと考えられなくてはならない。もちろん、まずまず平穏のうちに行われた変革である。しかし、憲法学者の予想する範囲内においてその定める改正手続きによってなされることのできない変革であったという意味で、それは憲法的には、革命をもって目すべきものであるとおもう。[1]

この言葉が丸山の発案だという説がある。[2] その典拠とされるのは、宮沢の論文とほぼ同時期に書かれた「超国家主義の論理と心理」の結び（前掲）だが、ここでも八月革命という言葉は使っていない。彼の座談の中に次のような話がある。

　ポツダム宣言を受諾したことが国体変更になるという南原先生の説が正しい。そうすると、天皇が主権者でないということを、ポツダム宣言を受諾した瞬間に日本国政府が受け入れたことになっちゃう。宮沢先生の八月革命説はそこから起こっているんだ。八月革命

説がいいかどうかは別として、国体の不連続というのは明白なんだ。(3)

これは一九八九年七月の座談会の記録だが、「八月革命説がいいかどうかは別として」という表現は、明らかにそれを発案した人の言葉ではない。素直に読むと、「八月革命」は宮沢の発案した言葉だと解釈するしかない。これは日本が「無条件降伏」したかどうかという問題とも関連する。丸山は「象徴天皇制というと、昔からそうだと。明治体制だけがちょっと例外なんだ」という議論を批判し、「そうすると、日本国民の自由に表明した意思によって究極の統治の形態が決定するというポツダム宣言は無に帰するわけです」という。

彼の解釈では、ポツダム宣言は日本政府の「国体の護持」という条件を否定する無条件降伏であり、憲法第一条に「天皇は、日本国の象徴であり日本国民統合の象徴であつて、この地位は、主権の存する日本国民の総意に基く」とあるように、天皇の地位も主権者たる国民が決めるのだ。八月革命という言葉を彼は使わなかったが、新憲法が革命的なものだったと考えていたことは間違いない。これは終戦直後の混乱した状態で初めて可能な「国体の変革」であり、占領軍の与えた天の恵みだった。

国民主権と天皇主権

国民主権とは、占領軍にとっても日本政府にとっても「天皇主権の否定」というネガティブな概念で、それがポジティブに何を意味するのかはっきりしなかった。個々の国民が文字通りの意味で国家の意思決定を左右できるはずはないが、では集合体としての「国民」は集計できるのか。そういう首尾一貫した民主的手続きは存在しないというのが経済学の答である。(4)

当時の憲法の最大の争点は第九条の平和主義ではなく、第一条の国民主権を守ること、つまり天皇主権を否定することだった。丸山は自民党が戦前の「国体」に戻すことをもっとも恐れていた。自由党の憲法調査会が一九五四年に発表した憲法改正要綱では「天皇は日本国の元首であって、国民の総意により国を代表するものとする」という規定が設けられ、象徴より強い「元首」という言葉が使われていた。彼によれば、その翌年の衆議院選挙で憲法改正に反対する勢力が三分の一以上を占めたため、保守合同後は第一条の改正が表にできなくなったという。(5)

だが国民が「自由なる主体」として新たな憲法を制定したというのはフィクションであり、それに政権を転覆するという意味の「革命」という言葉を使うのは、学問的な表現とはいえない。国民主権を革命で正統化できるなら、国民が反革命で君主制を選択することも正統化できる。かといって反革命を禁止すると「日本国民の自由に表明した意思」によって統治形態を決める国民主権に反する。

八月革命説は「国民の主権は憲法で与えられたが、その憲法は主権者たる国民が制定した」という循環論法であり、憲法の正統性を保証する答にはなっていない。これは自分の保守的な改正案をマッカーサーに否定された宮沢が、その経緯をごまかすために自分の案を否定し、それを正当化したのだろう。宮沢もこの言葉には問題があると考えたらしく、論文が一九五五年に『法律学体系コンメンタール』に収録されたときは「日本国憲法誕生の法理」と改題され、「革命」を強調する激しい表現は削除されたが、八月革命説はその後も維持した。

宮沢の師である美濃部達吉は新憲法に反対した。明治憲法は天皇を法の支配を受ける立憲君主とした（第九条）。国民は不当な手続きによる逮捕監禁を受けない権利をもち（第二三条）、司法の独立も定められた（第五八条）。その立憲主義は不徹底で「天皇大権」を拡大解釈する余地が大きかったが、そこには戦前から立憲主義を掲げてきた美濃部の「明治人の気骨と知的誠実性との見事な結合」があった、と丸山は評価した。

> 昭和前半期の官憲の反動化は、明治憲法ゆえに、というよりは明治憲法にもかかわらず——つまり憲法が保障し、またその下での刑事訴訟法でも明文化されていた法手続の無視あるいは蹂躙を通じて進行した、ということも楯の反面の事実として忘却してはなるまい。[6]

宮沢の学問的な立場は、実定法を中心として超越的な主権者を認めないハンス・ケルゼンの法実証主義で、戦前は美濃部の天皇機関説（国家法人説）を批判していたが、美濃部が右翼に攻撃されたときは日和見的な態度をとった。宮沢は大政翼賛会を合憲としたが、[7] 戦争が始まる

と憲法解釈を避け、講義で冗談ばかりいうようになり、第一条から第四条までを飛ばすようになったという。(8)

法を手続き的な論理整合性で考えるケルゼンの思想では、八月十五日に「革命」が起こって国民が突然、主権者になったという話は正当化できない。この飛躍を正当化するには、シュミットのような超越的な主権者を想定するしかない。ポツダム宣言で日本は、連合国軍最高司令官の――つまりアメリカの――支配のもとに置かれたのであり、八月革命説は、憲法を起草したのがアメリカだという秘密を隠す学説だった。(9)

平和憲法に反対した人々

日本国憲法が「押しつけ」かどうかという論争は今も続いているが、歴史的事実は明らかである。一九四六年二月八日に日本政府が占領軍に出した憲法改正案は拒否され、二月十三日に占領軍の出した「マッカーサー草案」に従って憲法が起草された。その内容はほとんどマッカーサー草案と同じで、日本政府の意思で制定したものとはいえないが、帝国議会はこの新憲法案をほとんど全会派の賛成多数で可決した。

したがって新憲法は手続き的には押しつけだが、それを承認したのは日本国民の総意である。ここで「ほとんど全会派」というのは、共産党が反対したからだ。衆議院議員だった野坂参三は「二つの性質の戦争がある。一つは正しくない不正の戦争である」と述べ、「憲法草案は戦争一般の拋棄と云う形でなしに、侵略戦争の拋棄、斯うするのがもっと的確ではないか」と質問した。

これに対して吉田茂首相は「近年の戦争は多くは国家防衛の名に於て行われることは顕著なる事実であります。故に正当防衛権を認むることが偶々戦争を誘発する所以であると思うのであります」と答弁した。おもしろいのは、第九条に反対した議員がもう一人いたことだ。貴族院議員だった南原繁である。

南原：戦争はあってはならぬ、是は誠に普遍的なる政治道徳の原理でありますけれど、遺憾ながら人類種族が絶えない限り戦争があると云うのは歴史の現実であります。［中略］苟も国家たる以上は、自分の国民を防衛すると云うのは、又其の設備を持つと云うことは、是は普遍的な原理である。之を憲法に於て拋棄して無抵抗主義を採用する何等の道徳的義務はないのであります。(10)

南原は、日本が国際連合に加入する場合は、国連憲章で自衛権が承認されている以上、日本も自衛権をもつのは当然だと考えていた。彼は平和憲法は「ユートピヤ」であるというアメリカの評論家の言葉を引用して、「自衛権も拋棄する」という答弁の修正を求めたが、吉田は「先ず第一に国権を回復し、独立を回復することが刺し迫っての問題であります」と答え、日米同盟で安全保障を行う方針を示唆したのだ。

ここにその後の講和条約をめぐる対立の萌芽がある。南原は、日本が国連に加入した場合には国連の集団安全保障によって自衛する権利を日本がもつという国連中心主義を主張したのに対して、吉田は国連にそれほど期待しなかった。彼は日米同盟を基軸にして中ソに対抗しようとしたので、米軍基地が国内にあれば自衛隊は必要なかったが、南原は中ソを入れた全面的な和解が実現しないと恒久平和は実現しないと考え、スイスのような非同盟・武装中立を想定していた。

この南原の理想主義が「単独講和」や日米同盟に反対する発想の起源になった。彼は「国家としては自衛権をもたなければならない。ことに国際連合に入った場合のことを考えるならば、加入国の義務として必ずある程度の武力を寄与する義務が将来、生じるのではないか」[11]という。つまり彼は一国平和主義をとなえたのではなく、国連中心主義の立場で第九条に反対したのだ。

南原が理想としたのは、カントの提唱した常備軍の廃止で、その代わり国際機関による警察機能を考えた。憲法第九条は、常備軍の廃止を期せずして実現したが、「この新憲法のもとで、戦前にもまさるような兵力をかかえるというウソ」はやめ、日本が世界に平和を訴えて「第九条の宣言的な意義」を生かすべきだという。

永久革命としての民主主義

デモクラシーは「民衆による支配」という制度であり、「主義」という意味を含んでいないが、丸山はあえて民主主義という訳語を使い続けた。そこには制度を超えた理念を掲げることで保守党の長期政権という既成事実を超えようとする意図があったと思われる。彼が初期から晩年まで一貫して言っていたのは「民主主義は永久革命だ」という話である。彼は六〇年安保のとき、こう語っている。

僕は永久革命というものは、けっして社会主義とか資本主義とか体制の内容について言わるべきものじゃないと思います。もし主義について永久革命というものがあるとすれば、民主主義だけが永久革命の名に値する。なぜかというと、民主主義、つまり人民の支配ということは、これは永遠のパラドックスなんです。〔中略〕だからこそ、それはプロセスとして、運動としてだけ存在する。(12)

すべての民衆が決定することは現代国家では不可能なので、議会が主権者たる国民を代表して行政を支配することになっているが、これは擬制である。このように参与と支配という相反する要求を実現する不断の改革を、丸山は永久革命と呼んだ。

ピューリタン革命もフランス革命も、少数の特権階級が国王の政権を奪ったクーデタのようなもので、すべての民衆が参加するという意味での民主主義ではなかった。アメリカ独立革命の建国の父も、いかに民衆の政治参加を制限するかに苦心し、複雑な選挙制度をつくって大統領の権限を弱めた。普通選挙で革命を実現したのは、ヒトラーぐらいだろう。

しかし丸山は民主主義を革命と考え、それを国民が能動的に作り上げる「する」倫理と考えた。それに対して地位や身分など「である」ことで政治が決まるのが日本の伝統だ、というのが丸山の一貫した発想だった。それは高校教科書にも出てくる彼のエッセイに平易な言葉で書かれている。

> 民主主義というものは、人民が本来、制度の自己目的化——物神化——を不断に警戒し、制度の現実の働き方を絶えず監視し批判する姿勢によって、はじめて生きたものとなり得るのです。それは民主主義という名の制度自体についてなによりあてはまる。つまり自由と同じように民主主義も、不断の民主化によって辛うじて民主主義でありうるような、そうした性格を本質的にもっています。[13]

このように「不断の民主化」によって主権者として自己形成してゆく近代的個人が、丸山の想定する戦後民主主義の担い手だった。これはレオン・トロツキーの永久革命とはまったく違う意味だが、[14]ロシア革命が成功するとトロツキーは追放された。すべての国民が革命を続けないと維持できない（丸山のいう）民主主義も、現実的な政治ルールとはいえない。

知識人の「悔恨共同体」

戦後の進歩的知識人の情勢認識が間違っていたことを指摘するのは容易だが、彼らがなぜこんな過ちをおかしたのかを理解することは容易ではない。それは丸山のいう「悔恨共同体」の産物だった。彼によれば、近代日本の知識人は三度、専門の違いを超えた共同体で結ばれたことがある。明治初期から自由民権運動の時期と、大戦間の共産主義運動の勃興期、そして終戦直後である。

第一の共同体は西洋の自由主義に支えられ、第二の共同体はマルクス主義に支えられた。そして第三の共同体は「戦争を阻止できなかった」という悔恨に支えられた。しかし一九六〇年代には悔恨共同体も風化し、知識人はそれぞれのタコツボに帰り、戦後民主主義を支えた「革新勢力」は政治的には無力になって使命を終えてしまった。丸山はその歴史を革新勢力の側から書いているのだが、その限界を「ブルジョワ的制約」に求める批判に、彼はこう反論する。

> 近代日本において、ブルジョワジーはかつて一度も普遍主義やヒューマニズムにコミットしたことはありませんでした。もし日本の知性における「普遍主義」に疑問を投げかけるとすれば、それは「普遍主義」が、中国とか西欧列強とかいう、日本の「外」にある特定の国家や、文化の特定の歴史的段階——十九世紀の西欧文明といった——に癒着し、そ

れ自体が一個の特殊主義《パティキュラリズム》に堕した、あるいは堕する傾向がある、という点にあると思います。(15)

マルクス主義の場合でさえ、その理想は観念的なユートピアではなく「親ソ派」か「親中派」かといった特定の国家であり、どちらも否定するトロツキズムが輸入されたのはヨーロッパより二十年近く遅かった。こうした悔恨共同体の特殊主義の限界について、丸山はこう指摘する。

ナショナリズムの根本が「よかろうが悪かろうが自分の国だ」という有名な言葉に凝縮されているように、本当の普遍主義は、「うち」の所産だろうが「外」の所産だろうが、真理は真理、正義は正義だ、というところにはじめて成り立ちます。［中略］「国際人」（これ自体が妙なコトバですが）とは外国と頻繁に往来する人ではないのです。それは抽象的思考の次元の問題ではなく、感覚の問題です。(16)

普遍主義を「よそ」に求めるかぎり、それに対する反発は「うち」なる土着主義になるほかない。この不毛な対立を乗り超えないかぎり、日本は成熟できないという丸山の指摘の背後には、戦前に「悪いナショナリズム」の暴走を防ぐことができなかったという悔恨があった。ここで彼が日本主義のようなナショナリズムに対置したのは、軍事同盟に依存しない普遍主義的な「正しいナショナリズム」だが、果たして特定の国民に依存しないナショナリズムというものがあるのだろうか。

丸山の悔恨は「知識人が軍部を止められなかった」ということだったが、多くの知識人は積極的に時局に迎合した。三木清のようなリベラルまで含めて「近代の超克」や「協同主義」を提唱した。それを結果論でとがめるのは酷だとしても、丸山のような悔恨は多くの知識人に共有されたのだろうか。「悪い政治に抵抗する進歩的知識人」というのは、戦後つくられた神話だったのではないか。

人民主権と総力戦

憲法をめぐる不毛な論争は、悔恨共同体の残した負の遺産である。今では護憲といえば第九条に争点が限られているが、当初はそうではなかった。丸山は一九四六年三月に新憲法の政府案が発表されたときの衝撃をこう回顧している。

いちばん予想外だったのは、第九条の戦争放棄ではなく、第一条の人民主権でした。その前後に各政党が憲法草案を発表していましたが、社会党でさえ国家に主権があるという国家法人説で、高野岩三郎さんの私案と共産党以外はどこも人民主権を謳っていなかった。(17)

新憲法の手本とした合衆国憲法には、人民主権という言葉はない。前文の「そもそも国政は、国民の厳粛な信託によるものであつて、その権威は国民に由来し、その権力は国民の代表者がこれを行使し、その福利は国民がこれを享受する」というのは、リンカーンの有名な言葉を下敷きにしたものだが、“of the people”は「人民に由来する」という意味ではない[18]。これはデモクラシーは人民を対象とする政治だという意味であり、そこには「主権者」というロマンティックな意味は含まれていなかったのだ。

すべての国民が主権者になることは不可能であり、そうなったこともない。丸山は、フランス革命の精神は自己武装だったという。「反革命で、他の絶対主義王国から革命を潰しに来るでしょ。潰しに来たので国民総武装——つまり市民が武器をとるからフランス全土の国民総武装。これが徴兵制の起源なんです[19]」。

フランス革命で主権者になった民衆は、「ラ・マルセイエーズ」で「暴君の血まみれの旗が掲げられた」と謳い上げた。彼らは「自分の国だ」と思ったから共和国に命を捧げたので、絶対君主の傭兵よりはるかに強かった。そういう錯覚を作り出したことがフランス革命の最大のイノベーションであり、民主国家は戦争に強い。国民主権はフィクションだが、近代戦に必要なフィクションだった。

それは第一次大戦で明らかになった。ドイツ帝国もオーストリア＝ハンガリー帝国もオスマン帝国もロシア帝国も、戦闘に負けたのではなく国内の革命で転覆された。戦争の目的が皇帝の野望であって国民の利益ではないので、長期戦になると民衆は「皇帝を倒せば戦争が終わる」と考え、革命が起こる。[20]

日本がそこから学んだのは、国民を政治に参加させるデモクラシーが総力戦に国民を動員する上で重要だということだった。これが一九二五年の普通選挙につながる。もう一つの教訓は、戦力は経済力で決まるということだ。短期決戦では作戦次第で勝てるが、何年も戦い続けるには、補給が決定的に重要である。「富国」は「強兵」の条件なのだ。

第四章

知識人の闘い

安全保障をめぐる国会審議では、国をいかに守るかより憲法違反かどうかが争点になるが、日本国憲法は他国に適用できないのだから、集団的自衛権の行使が憲法違反か否かは自国を防衛できるかどうかとは論理的に無関係な問題である。こうした憲法解釈をめぐる神学論争に多くの政治的資源が費やされる状況は世界にも類をみないが、そういう論争の始まったのが一九五〇年代だった。

その最大の焦点が講和条約だった。アメリカなどと早期に講和する「単独講和」か、ソ連や中国を含む「全面講和」かが論争になったのだが、全面講和を条件としていたら、ソ連と平和条約を結んでいない日本は、いまだに講和できていない。当時の知識人の中では全面講和が圧倒的に優勢で、その運動の中心となったのが丸山だが、彼自身は神学的な立場をとっていなかった。

全面講和に結集した知識人

一九五〇年に朝鮮戦争が起こると、占領軍は日本政府に七万五千人の警察予備隊の創設を命じ、五一年一月にジョン・フォスター・ダレス国務長官顧問が来日して吉田茂首相に「再軍備を条件に講和条約を結ぶ」という交渉を行った。吉田は講和条約を結んで在日米軍が引き続き駐留することは歓迎したが、憲法を改正して再軍備することは拒否した。

その理由は「経済力の不足」と「軍国主義への危惧」だったが、彼がもっとも恐れていたのは、再軍備で朝鮮戦争に巻き込まれることだった。[1] 平和条約と同時に締結された日米安全保障条約と日米行政協定は、米軍が引き続き駐留することを定める一方、アメリカが日本を防衛する責任は負わない「駐軍協定」ともいうべき不平等条約だったので、交渉は難航したが、なぜか二月七日に急転直下、妥結する。

この経緯は外交機密とされていたが、二〇〇一年に機密指定が解除され、日米交渉の妥結した原因がわかった。吉田はダレスに「海陸をふくめて、新に五万の保安隊（仮称）を設ける」ことを約束し、これは警察予備隊とは別の組織として「国家治安省の防衛部門に所属させる民主的軍隊」とすることを約束したのだ。[2]

ダレスは（自治体警察の指揮下にある）警察予備隊には、対米協議のカウンターパートになる参謀本部のような中枢機能がないと批判したが、二月三日の密約では「防衛企画本部というが如き名称の機関を、国家治安省の防衛部に付置する」と書かれている。これでダレスは要求を収め、平和条約にも安保条約にも再軍備という言葉は入らなかった。

警察予備隊は「保安隊」と改称され、一九五四年に自衛隊となって防衛庁の指揮下に置かれた。「防衛企画本部」は、現在の統合幕僚監部にあたる。自衛隊を「民主的軍隊」とするには憲法改正が必要だが、吉田はそれは約束していない。

つまり吉田はアメリカに対しては再軍備を約束する一方、国内向けには憲法を改正しないという二枚舌で、講和を急いだわけだ。これは隣の朝鮮半島の戦火がいつ日本に拡大するかわからない状況では、それなりに正しい判断だったともいえようが、ここで再軍備を密約にしたことが、今日に至る政治的混乱の原因になった。

単独講和は実際には単独ではなく（中ソを除く）四八ヶ国との「多数講和」だったが、この言葉が世の中に錯覚を与えた。南原や丸山が主張した国連による恒久平和は、終戦直後は理想として意味があったが、当時は不可能だった。一九四九年に中国で国民党が敗北したため、アメリカは極東委員会の多数決で講和を結ぶことを提唱したが、ソ連は米英ソと中国の四ヶ国で講和条約を結ぶべきだと主張し、アメリカに日本との講和交渉をやめるよう求めた。

全面講和は不可能だったので、吉田は可能な選択肢の中から多数講和を選んだ。それに対して知識人は、平和問題談話会を結成した。このきっかけとなったのは一九四八年に発表されたユネスコの「八人の社会科学者の声明[3]」で、これを読んだ岩波書店の吉野源三郎が清水幾太郎に相談し、久野収や丸山が中心になって平和問題討議会を結成し、これが平和問題談話会となった。

メンバーは安倍能成、和辻哲郎、田中耕太郎、蠟山政道などのオールド・リベラリストから大内兵衛、脇村義太郎、有沢広巳などのマルクス経済学者、中野好夫、都留重人、久野収などを含むオール・ジャパンの知識人だった。全面講和を特集した岩波の『世界』一九五一年十一月号は五刷を重ね、十五万部も売れた。(4)

非同盟と非武装の混同

丸山が政治の表舞台に登場したのは、この全面講和論争のときだった。彼は進んで政治活動にコミットしたわけではなく、清水に頼まれて平和問題談話会に参加した。その論理は『世界』一九五〇年十二月号に談話会の出した「三たび平和について」に書かれている。

この論文は「戦争は人間がある問題を解決するために用いる一つの、而も極めて原始的な方法である。嘗てこの方法が有効且つ有利と認められる時代があったにしても現代は全く相違する」と断定する。「戦争は本来手段でありながら、もはや手段としての意味を失っている」ので「原子力戦争は、最も現実的たらんとすれば理想主義的たらざるをえない」という論理から、憲法と非同盟を守るという談話会の方針が導き出される。

> この現実に含まれた意味をつねに念頭において、さまざまの具体的な国際国内問題を判断して行くことが、最も現実的な態度であるとわれわれは考える。しかもそれこそ、同時にわれわれ日本国民が新憲法において厳粛に世界に誓約した戦争放棄と非武装の原理から

必然的に導かれる態度ではないか。(5)

この論文は総論を清水が書き、丸山が第一・二章を、第三章を憲法学者の鵜飼信成、第四章を経済学者の都留重人が書いた。鵜飼の担当した部分では(今の憲法学者と同じく)軍事同盟を憲法違反として否定したが、これは神学論争としては意味があっても、平和論としては成り立たない。これに対して丸山は国際情勢の現実から出発しているが、それを「世界に誓約した戦争放棄と非武装の原理」という形で憲法第九条とリンクさせた。

これは南原の武装・非同盟論とは明らかに異なる(南原は談話会に入っていない)。南原の考えていた「非同盟・武装国家」は、スイスやスウェーデンなど小国にはあったが、丸山が考えていた「非同盟・非武装国家」は歴史的に存在しない。丸山は国際政治の現実から導き出される結論が結果的に新憲法の理想に一致するというのだが、そういう予定調和は何によって保障されるのだろうか。その理由は、次の五点だという。

- イデオロギーの対立は直ちに戦争を意味しない
- イデオロギーと武装権力としての現実の国家との間にはギャップがある
- 自由民主主義と共産主義という図式以外に他の次元での対立が交錯している
- 世界の有力国が必ずしも米ソの対立と同じ幅と深さで対立しているわけではない

・米ソ両国とも極力全面的衝突を回避しようとしている

ここには核兵器の恐怖がその使用を不可能にし、結果として平和を招くという楽観主義があるが、このときすでに朝鮮戦争が始まっていた。核兵器で通常戦争が防げないことは明らかだったが、この論文では朝鮮戦争にまったくふれていない。これは丸山の論文ではなく、談話会のメンバーには平和共存を否定する「革命勢力」もいたので割り引いて読む必要があるが、当時としても無理のある論理だった。

丸山は朝鮮戦争は「北から仕掛けたのか南から仕掛けたのかわからない」という立場で、和辻哲郎に「丸山君、ソ連というのはそんなに信用できますか」といわれて「言いがかりをつけられた」と感じて反論したという。[6] この点は武装中立論の南原のほうが論理的には一貫していたが、当時の知識人の中では少数派だった。吉田茂は南原を「曲学阿世の徒」と罵倒したが、南原は護憲の時流には阿っていなかったのだ。

丸山の発想の底流にあったのは「米ソはともに信用できない」という（それ自体は正しい）認識だった。彼はこう書いている。

仮に自由民主主義と共産主義とが原理的に全く反撥すると仮定しても、そのことから、その一を奉ずる国家ないし国家群と他を奉ずる国家ないし国家群とが、必ず対立し反撥するという結果は出て来ない。［中略］逆に相似たイデオロギーを持った国家が干戈を交えた例は、史上殆んど枚挙にいとまがない。(7)

そして彼はクインシー・ライトの「民主政治の国々が専制政治の国々より戦争に介入する度合がヨリ少なかったという証拠は殆んど出て来ない」という言葉を引用して、「アメリカがまた日本を攻撃する可能性はゼロではない」と示唆している。これは今では荒唐無稽にみえるが、一九五〇年当時はそうではなかった。もっとも安全なのは国連による集団安全保障で恒久平和を確立することだ、と丸山は考えたのだ。

そこにはいろいろな世界情勢の読み違えがあったが、大きいのは国連の機能の過大評価だろう。当時の日本は、まだ国連に加盟していなかった。それに反対していたソ連と講和することが重要だと考えた認識は、当時としては間違いともいいきれないが、その後の冷戦の激化の中で、非同盟路線を追求し続けたことは疑問だった。

丸山は非武装中立という言葉は使っていないが、ここで知識人のコンセンサスとなった非同盟・非武装の一国平和主義が、統一された社会党の路線となり、戦後の日本を呪縛した。談話会は全面講和という目的の達成には失敗したが、憲法改正の阻止という副次的な目的は達成した。結果的には、一九五〇年代が再軍備の最初で最後のチャンスだった。戦後の不毛な憲法論争のアジェンダを設定した丸山の責任は重い。

戦後日本の国体

一九五〇年当時の日本の選択は、冷戦の対立が鮮明になる中で「アメリカを信用してソ連と対立する」か「ソ連を信用してアメリカと対立する」かだった。これは今では自明であり、アメリカを信じる以外の選択肢は日本にはなかったが、それを支持する知識人は少なかった。高坂正堯は丸山を批判して「憲法第九条によって戦争を放棄した日本の安全は世界政治の安定にもとづくほかはない」(8)と書いたが、吉田茂の御用学者として軽蔑された。

戦前から英米派の外交官だった吉田は、全世界を一つにする同盟関係などというものがあるとは信じていなかった。第一次大戦以降、勝ったのはつねに英米と同盟を組んだ側であり、共産主義の力がいかに大きくなっても、それは変わらないと考えていた。これは大国の力の均衡によってしか平和は実現しないという吉田のリアリズムだった。

講和条約の交渉で、一九五〇年にダレスが来日して再軍備を求めたときも、吉田は拒否した。しかし再軍備しないまま講和条約で占領軍が撤退すると「軍事的真空」が生じて危険なので、安保条約で米軍の駐留を求めた。ダレスは「米国の援助といえども永久というわけにはいかない。日本の防衛が増強されるにつれて、援助は縮小されねばならぬ」と要求したため、吉田は警察予備隊を保安隊とし、「国家治安省」といったものをつくることを約束した。

講和条約を批准する際にも、吉田は国会で「安保条約は飽くまで暫定的な措置であり、日本の防衛力が強化されて必要が消滅すれば、いつでも終了させうる」と説明した。

吉田はサンフランシスコ条約は臨時の体制で、最終的にはＮＡＴＯ（北大西洋条約機構）のように各国が平等に集団的自衛権と義務をもつ形が理想だと考えていたが、難航したのは日米行政協定（現在の日米地位協定）だった。安保条約は五ヶ条しかない簡単なもので、在日米軍の具体的な制度は行政協定で決めることになったが、裁判管轄権や防衛負担金についての交渉は難航し、治外法権になることは避けた。

もっとも厄介なのは、日本が侵略される危険が迫った場合に、日米共同作戦を誰が指揮するかという問題である。ＮＡＴＯではヨーロッパ各国は指揮権を放棄しているので、アメリカもそういう方式を想定していたが、日米の軍事力が違いすぎるので、アメリカの戦争に「巻き込まれる」ことを拒否できない、という批判が出てきた。

この問題は結局、行政協定の第二四条で「日本区域において脅威が生じた場合には直ちに協議しなければならない」という曖昧な条文になり、アメリカには指揮権もないが防衛義務もない協定になった。一九五一年当時は、朝鮮戦争の最中に日本を極東の防衛線と位置づける緊急の必要があったため、両国とも暫定的に決めて、平和になって日本の経済力がついたら考え直すという認識だったので、全体として整合性のない折衷的なものだった。丸山は日米安保条約とともに締結された行政協定について、こう指摘した。

行政協定はまた安保条約に根拠づけられています。時間的または論理的には、講和条約―安保条約―行政協定という順序ですが、むしろアメリカ政府の狙いからいえば、行政協定あってこその安保条約であり講和条約なので、そのことは岡崎・ラスク会談による行政協定締結の見透しを俟ってはじめてアメリカ上院が講和条約の批准をとり上げていることからも明瞭です。(9)

彼がこの論文を『世界』一九五二年五月号に書いたのは安保条約の発効したときだが、そのねらいが行政協定による在日米軍基地の正当化にあったことを的確に指摘している。行政協定はアメリカ政府が日本国内の任意の場所に基地を置ける不平等条約だったが、安保条約の不平等性と表裏一体だった。いいかえると、それは占領体制を暫定的に延長するものだった。戦後日本の国体は、ここから始まったのだ。

スターリン批判の批判

日本の知識人が社会主義に幻想を抱いたのは、初期にはソ連についての正しい情報が入ってこなかったため、やむをえない面もあるが、一九五六年二月のフルシチョフ秘密報告で粛清の実態が明らかになった。ところが丸山は『世界』一九五六年十一月号に「「スターリン批判」の批判――政治の認識論をめぐる若干の問題」という論文を書いた。

このタイトルはスターリン批判に反論するものとも読めるので、大幅に改稿されて『現代政治の思想と行動』に「スターリン批判における政治の論理」として収録されたが、原論文は『丸山眞男集』にも収録されていない。その改稿の跡をたどると、彼の社会主義に対するシンパシーの原因は単なる情報不足ではなく、もっと根本的な問題にあったことがわかる。

改稿された論文はもとの二倍近くあり、長文の追記がついているが、重要なのは改稿で削除された部分である。最後の三ページ分が大幅に書き換えられているが、目立つのは結びの部分の修正だ。原論文ではパルミーロ・トリアッティ（イタリア共産党の指導者）のスターリン批判を引用して

> マルクス主義の体系の中でモラルの占める地位についてどんな疑問が提出されるにせよ、コンミュニストのなかにこの感覚が生きている限り、その要素が助長されることを喜ばないものがあろうか。もしあるとすれば、それこそ真に「反動」の名に値するというほかはない。[10]

と結ぶのだが、改稿された単行本では次のように結ばれる。

> ［前略］喜ばないものがあろうか。革命の進展が革命勢力をも捲き込み、革命者自身がそ

の過程の中で革命されて行くのが、「世界」革命の性格であり、またそれこそ現代において本当に進歩の名に値する革命なのである。(11)

強調したのが、単行本で付け加えられた部分である。原文では否定的に終わっていた結びが、「革命」をほめる勇ましいトーンに変わっている。この他にもこういう社会主義を肯定的に評価する表現が多く、左翼からの批判に配慮して修正したものと思われる。

この論文では、トリアッティとユージン・デニス（アメリカ共産党委員長）の論文が繰り返し引用される。トリアッティは丸山が高く評価する構造改革派のリーダーだからいいとして、気になるのはデニスの「〝人民の敵〟に対する追及は事実上いかなる反対や対立意見をも疑わしいとみられるほどヒステリックな規模に達した」という言葉に、丸山が次のようにコメントしていることだ。

上のデニスの言葉のうち、「人民の敵」を「国家の敵」に代え、「ベリアその他の帝国主義の手先たち」を「マッカーシー上院議員その他チャイナ・ロビイの手先たち」とかえれば、殆どそのまま四〇年代末期から五〇年代前期にかけてのアメリカにあてはまるだろう。(12)

これは単行本にも掲載されているが、当時の知識から考えても、スターリンの秘密警察長官として大量殺人を行ったベリアと、議会に召喚しただけの（結果的には職場から追放したが）ジョセフ・マッカーシーを同列に置くのは非常識だろう。問題はアメリカとソ連を同格に比較していることだ。彼の「平和共存」論や日米同盟に対する否定的な評価も、こうしたバイアスによるものと考えられる。

丸山はこの論文で、スターリンは「史上の独裁者と比較しても自己抑制の能力において劣っていなかった」と評価し、一九五六年四月の『人民日報』を引用して「一つの制度をつくり、大衆路線と集団指導の徹底的実施を保障」する必要を強調している。この時期に中国で「百家争鳴」の運動が行われていたことは彼も知っていたが、それが粛清と同じ結果になったことは知るよしもなかった。

こういう結果論で丸山を断罪することは、フェアとはいえない。当時はフルシチョフ報告を謀略として否定する人々もいた中で、公平にみて彼は客観的にスターリンを見ていたほうだろう。だが若いころ刷り込まれた「反・反共」の立場は、晩年まで変わることはなかった。そこには戦後左翼に共通の盲点があったように思われる。

憲法問題研究会の知られざる焦点

平和問題談話会はサンフランシスコ条約が締結されたあと解散したが、それを受け継いで知識人を結集しようとしたのが、憲法問題研究会である。これも吉野源三郎が中心となり、一九五八年に丸山、宮沢、我妻栄、矢内原忠雄など五十三人の学者が結成した。当時の社会科学の主流ばかりでなく、湯川秀樹など自然科学系の研究者まで参加した悔恨共同体の結集だった。

同じ年に岸内閣は、憲法改正のために政府の憲法調査会を発足させ、その会長には宮沢の就任を要請したが、彼はこれを断って憲法問題研究会に参加し、その次に打診した我妻も研究会のほうに参加した。このため憲法調査会には二流のメンバーしか集まらず、答申も出さないで消滅してしまった。丸山は「政府にとっては、大内・辻・丸山・久野などは会に入っても問題にならない。我妻・宮沢両先生が憲法調査会に入らないで憲法問題研究会に入ったということが、大変なショックだったんです[13]」と回想している。

憲法問題研究会はその後も安保条約改正の強行採決に反対する声明などを出したが、彼らも結論は出さなかったため、議論の内容はほとんど知られていない。この時期には変則的な憲法を修正しようという考え方は社会党右派にもあり、政府は社会党にも憲法調査会への参加を呼びかけたが、この情勢をみて社会党も参加を拒否し、これで両院の三分の二の賛成という憲法改正発議の条件が満たされることは不可能になった。

宮沢は戦前には大政翼賛会に協力した武装平和論者であり、第九条の絶対平和主義を永遠に守るべきだとは考えていなかったが、岸内閣が明治憲法に戻すことをねらっているのではないかと懸念した。民法学の権威である我妻が（彼の同級生だった）岸の要請を断ったのも、同じ理由だった。自民党の中には旧民法の「家」制度を理想とする人々が多く、戦後できた男女平等などの新しい家族制度が破壊されることを危惧したのだ。研究会の中心だった丸山も憲法第九条を絶対に守れという立場ではなかったが、日本がアメリカの軍事戦略に組み込まれ、その一環として極東の「反共の砦」にされることを警戒した。

特に戦争の脅威がかつての主権国家の通常戦争ではなく核戦争になっているとき、再軍備は実質的な防衛力にならないと主張した。

だから研究会の焦点は第九条ではなく、第一条の国民主権だった。自民党の改正案は「押しつけ憲法」を日本人の手で変えようという明治憲法への回帰であり、せっかく占領軍の「外圧」で実現した国民主権の原則が失われることを丸山たちは恐れたのだ。したがって非武装へのこだわりはそれほど強くなかった。

宮沢も憲法問題研究会では、改正に反対の立場をとった。かつて占領軍が彼の書いた明治憲法の改正案を否定して憲法を書いたのは、日本を無力化する一時的な措置だったことを彼は誰よりも知っていたはずだが、その屈辱を晴らすチャンスをみずから捨てたのだ。

結果的には、自民党の憲法調査会も現在の憲法の三原則を守るという方針を打ち出したので、憲法問題研究会は空振りに終わった。彼らは一九六四年に次のような声明を発表し、これが実質的な結論になった。

私たちが憲法について努力すべき課題は、戦争直後に決意した国民主権・人権・平和の三原理をさらに充実してゆくことである。この努力によってのみ伝統の新鮮な再生と真の自主性の実現が期待される。伝統と自主の名のもとに憲法の逆転を誘致する改定に対して、私たちは強く反対するものである。(14)

憲法問題研究会はその後も安保条約改正の強行採決に反対する声明などを出したが、一九六四年に政府の憲法調査会が解散したあとは年一回の学会のような催しになり、一九七六年に解散した。丸山たちも政治活動からは身を引いたが、その後も左翼政党や労働組合は「護憲＝平和勢力」をスローガンとし、社会主義が崩壊してからは「憲法を守れ」が一枚看板になってしまった。

表と裏の国体

結果的には、この一九五八年が戦後政治の分水嶺だった。当時は自民党も憲法改正を党是として掲げていたが、改正は不可能になった。その代わり保安隊は自衛隊になり、安保条約は改正されて、高度成長の中で憲法問題は風化した。その結果、表では平和憲法によって諸国民の公正と信義に信頼して国を守るが、裏では日米同盟という超越的な権力の支配する戦後日本の国体ができた。

ここで主権は日本国民にあるが、軍事的な主権は今もアメリカにある。分断国家だった戦後の西ドイツを「半主権国家」と呼ぶことがあるが、日本は今なお（違う意味で）半主権国家ということもできよう。[15] 西ドイツは再軍備したが核兵器は保有せず、ＮＡＴＯによって米軍の核兵器を配備したが、日本は法的には再軍備さえしていない。丸山も認めたように、軍事的主権をもたない日本国憲法は「伝統的定義からすれば、国家じゃない」のである。

憲法問題研究会は（憲法調査会が消滅したので）結論は出さなかったが、その概要は丸山が一九六四年に発表した。彼は政府の憲法調査会が平和主義を守るとしたことについて「第九条の理想としての平和主義を堅持するという主張によってなにが予定されているのか。『戦争主義』が否定されているのか」と揶揄し、およそ「戦争主義」を理想として掲げる国家がありえない以上、それは何も意味していないという。[16]

丸山は「国家の一切の戦力を放棄することに究極の安全保障がある」という憲法の考え方が逆説であることを認めるが、それは「核兵器を増強すればするほど人々の安全感が低下する」という核兵器の逆説と同格で、「問題は、どっちの逆説をわれわれ日本人が選択するのか」だという。もちろん彼は第九条を擁護する立場なのだが、五〇年代のような熱気はなくなり、どこか距離を置いた印象がある。

ここで彼が第九条を擁護する最大の理由は、核兵器の登場で戦争の形態が大きく変わったということだ。彼はキッシンジャーの「核時代の戦争は、たとえ通常兵器で戦われる戦争であっても、核兵器の影響がまったくない状態で戦われることはない。したがっていまやあらゆる戦争は核戦争なのである」という言葉を引用し、現代の戦争は核戦争に結びつくゆえに、一国の通常兵器だけで防ぐことはできないという。

これを第九条の非武装主義の根拠にするのは、論理が逆転している。キッシンジャーの元の文脈は、冷戦体制においては局地的な戦争も核戦争に発展するリスクがあるから、冷戦による力の均衡を維持するには通常兵器の均衡が必要だという意味だが、それを丸山は「核時代には局地戦は起こらない」と誤解している。[17]

他方で丸山は、日中戦争やベトナム戦争のようなゲリラ戦が二十世紀の新しい戦争だという。[18] これはシュミットの『パルチザンの理論』にヒントを得たものと思われる（竹内好も同じ指摘をしたという）。戦争の主役が主権国家からゲリラになりつつあるという指摘は正しいが、ここから正規軍ではゲリラに対抗できないとして「人民の自己武装」に飛躍するのは無理がある。

ゲリラは正規軍より少ない兵力で多くの犠牲を与えることができるので「負ける」ことはないが、正規軍に「勝つ」こともほとんどない。日中戦争の場合は、毛沢東のゲリラが勝ったのではなく、日本軍が負けたのであり、ベトナム戦争の場合もベトコンの実態は北ベトナム軍だった。

このように丸山は冷戦による戦争の変化をそれなりに正しく見ていたのだが、憲法第九条がそういう変化に適した規定だとはいえない。さすがに彼もそこまでは強弁できず、自衛隊の存在は認めた上で、それを「最小規模にとどめる」努力規定として第九条を読み替え、憲法の前文を彼の持論である国連中心主義の宣言と解釈している。
しかし米ソの核の均衡によって軍事的秩序が決まる冷戦体制においては、国連決議は何の意味ももたない。たしかに彼のいうように「すべての核兵器を廃絶して一切の戦力を放棄する」という第九条の理想が究極の安全保障だが、それが実現する確率は当時も今もゼロに近い。丸山が憲法について主題的に語ったのはこれが最後である。

清水幾太郎と福田恆存

一九五〇年代の論壇の寵児は丸山ではなく、清水幾太郎だった。一九四六～六〇年に『世界』に登場した回数は、第一位が都留重人、第二位が大内兵衛、第三位が清水だった。一九五一～八〇年に朝日新聞の「論壇時評」で言及された筆者のランキングでは、第一位は中野好夫、第二位は小田実、清水は第三位だった。[19]
戦中は読売新聞の論説委員として戦争に協力し、戦後はマルクス主義に近い立場をとった清水が、六〇年安保で進歩的知識人のまとめ役になったのは、どの時代でもそれが主役だったからだ。六〇年安保が不発に終わったあと、彼は論壇の主役をはずれ、進歩派は吉本隆明のように極左に流れるか、丸山のように書斎に撤退してしまう。撤退すべき本業をもたない清水は、つねに注目を浴びようと「右旋回」を始める。彼は『諸君！』の常連になり、一九八〇年に発表した「核の選択――日本よ国家たれ」で大反響を呼ぶ。

そういう清水の機会主義を批判したのは福田恆存である。彼は清水や丸山と同世代であり、終戦直後に二十世紀研究所で席を共にしていたが、一九五四年に発表した「平和論の進め方についての疑問」は大反響を呼んだ。彼の論点は「平和論者は二つの世界の平和的共存を信じてゐるらしいが、どういふ根拠でそれが信じられるのか[20]」という疑問に尽きる。

ここでいう平和論者は全面講和論者をさすが、彼が批判したのは清水と丸山だった。清水とは論争になったが、丸山はほとんど相手にせず、こう皮肉っている。「ある著名な文学者と、これもまた非常に著名な社会科学者との間に平和論争というものが行われた。そのときにその著名な文学者が、その社会科学者のことをなんと頭の悪い人だろうという意味のことを言った[21]」。これはあまりフェアな答とはいえない。

福田にとっては、丸山の理想化する西洋的な作為（すること）と日本的な自然（であること）の二元論は、それ自体がフィクションだった。人々は多くのものを前の時代から自然として受け継いで生活しているのであり、そこから切り離された作為は長続きしない。福田は、近代をルターとエラスムスの対立として描く。

現実の歴史を動かしたのは宗教改革を実行したルターであり、エラスムスは「最後のルネサンス知識人」として忘れられたが、文学に影響を与えたのは彼やラブレーなどのキリスト教に対する風刺であり、十九世紀に流行したのは神なき個人の救済としての小説だった。ドストエフスキーに典型的に見られるように、近代の小説は神との格闘だった。

福田はコミュニストの全体主義に対しては個人主義を主張したが、それは西洋近代においては神と(否定的に)結びついたものだった。神なき「裸の個人」は存在しえないのだが、日本は啓蒙的な無神論をいきなり輸入したので、政治は藩閥政治になり、個人は私小説的なモナドになった。社会を統合して秩序を維持するための神に代わるものが天皇だった。

近代日本ははたしてなにもどこにも見いだせぬ空虚のうちに絶望を体感したであらうか。その空虚に堪へたであらうか。いや、けつしてさうではなかつた。明治政府の指導者たちは、自分たちも、また国民も、絶対にそのやうな空虚に堪へえぬことを知つてゐた。天皇の神聖化とはこの空虚感を埋めるためにもちだされた偶像以外のなにものでもない。(22)

これを書いたのが丸山だといってもおかしくないだろう。福田は天皇を近代日本の欠落を埋めるために作り出されたフィクションと考えた。それはキリスト教のように抽象化されず、肉体をもつ不完全な神であり、それに従属する政治も普遍性をもたない「忠孝」の倫理でしかなかった。

第五章

政治からの撤退

一九六〇年に行われた日米安保条約の改正は、戦後日本の最大の岐路だった。五〇年代から続いてきた講和問題をめぐる左右対立が先鋭化し、安保条約の評価が国論を二分した。丸山はこのとき、安保反対運動のヒーローとして知られるようになった。運動は岸信介首相が国会に警官隊を導入して条約を強行採決したことで盛り上がり、全学連主流派のデモ隊に死者が出て、岸は退陣した。

しかし旧安保条約は占領統治の延長ともいえる不平等条約で、それを岸が改正しようとしたのは当然だった。丸山の盟友だった清水幾太郎は反対運動の中心となって全学連の国会デモに参加し、「今こそ国会へ」という安保反対の国会請願を募ったが、丸山はそれに署名しなかった。丸山は安保条約の内容については、ほとんど論評していない。彼が反対したのは、条約改正の強行採決だった。

民主主義の「危機」

安保条約は一般国民にはなじみのない外交問題で、当初はそれほど大きな盛り上がりを見せたわけではない。岸がなぜ改正しようとしたのか、野党がそれになぜ反対したのかも、ほとんどの国民には理解できなかっただろう。最初に安保条約の問題点を指摘したのは野党だった。一九五七年二月四日の衆議院本会議で、社会党委員長の鈴木茂三郎は「日本民族の独立のための不平等条約の改廃」を求めた。

そのきっかけは、砂川事件（米軍基地に全学連の活動家が立ち入って起訴された事件）だった。在日米軍基地の指揮権をアメリカがもつ行政協定は治外法権で、その根拠になっている安保条約は不平等条約だ、というのが野党の主張だった。これに対して国会で岸（首相臨時代理）は野党の批判に同意し、「自力によるところの防衛状態が完備した状態において改正を考えたい」と答弁した。このころ与野党の意見は、一致していたのだ。

ところが野党は「基地反対」から「安保反対」に舵を切り始めた。左派は安保条約の破棄を主張したが、右派は破棄は現実的ではないといい、両者の妥協で「安保改定に反対」という統一要求が掲げられた。これでは肝心の不平等条約を改正するなという要求になってしまうが、安保反対の街頭デモが盛り上がり、一九五九年十一月の羽田事件で全学連主流派が警官隊と激突し、逮捕者を出したころから運動が全国に広がった。

丸山は最初は政治活動をしておらず、強行採決は予想外の事件だったという。「五月一九日の強行採決によって突然大爆発が起きた」と回想している。[1] 彼が批判したのは「強行採決は民主主義の危機だ」ということだったが、これは奇妙な論理である。新安保条約は一九六〇年一月に署名され、二月に国会に提出された。会期末は五月二十六日だったので、その三十日前までに条約は衆議院を通過する必要があったが、野党の審議拒否で五月にずれこんだ。議院運営委員会は（自民党のみの出席で）延長を決めたので、議案は衆議院本会議に送られた。

会期延長と一括して新条約の承認が提案されたが、野党が議長室に議長を閉じ込めて座り込みを続けたので、岸は警官を導入して野党を排除し、自民党の単独採決で会期延長を可決し、このとき条約も承認された。条約は国会に提出されてから三ヶ月以上たっており、野党が審議に応じていれば「強行」採決にはならなかった。これは野党の「日程闘争」の敗北にすぎない。

しかし丸山を初めとする知識人は単独採決に反発し、国会デモは最高潮に達した。六月十五日には、国会の構内に乱入したデモ隊にいた東大生・樺美智子が圧死した。六月十九日には条約は自然承認されたが、このとき予定されていたアメリカのアイゼンハワー大統領の来日は警備上の危険が大きいため中止され、岸内閣はその責任をとって六月二十三日に総辞職した。

丸山は国会デモには参加していないが、新安保条約には反対していた。奇妙なことにその理由を具体的に書いた論文はなく、座談会などでも断片的にふれる程度だ。一九六〇年七月に発表された論文では、新条約は「条文だけ見れば改善されているところもたしかにある」と認めた上で、次のように書く。

安保条約の政治的意味はどこにあるかといえば、そういう新旧条約の内容の比較の問題ではなくて、誰がどういう状況の中で、どういう決断をするか――つまり、今の政府によって、今のような国際関係の中で、新しい安保条約を結ぶという、そういう政府の行為がどういうことを意味するか。それがどうはね返りになって日本の国際政治の上に現われてくるかということが、一番重要な点なのである。(2)

条約の内容より「誰がどういう状況の中で結ぶか」が重要だというのは、法律論としては奇妙だが、「岸内閣による改正は許さない」ということだろう。丸山は石橋内閣が改正していたら日ソ関係や日中関係が改善したはずだとも書いているので、安保条約の改正そのものには反対ではなかったようだ。安保反対闘争は、岸に代表される「戦前の日本」に対する「戦後の日本」の闘いだった。

八・一五と五・一九

「強行採決は民主主義の危機だ」という反対運動は、急速に広がった。いろいろな立場の反対運動が「強行採決反対」でまとまったが、そのころ条約はすでに衆議院を通過していた。何も審議しなくても三十日後の六月十九日には自然承認されるので、デモをしても意味がないが、丸山はこういう発想は「院内主義」だという。(3)

これは彼の造語だが、民主主義を議会内の多数党と少数党の対立に矮小化し、院内の多数意思をそのまま国民の多数意思とするという意味だ。これに対して院外の圧力で与党の意思決定に影響を与えることが本来の民主主義だという。そんなことが許されたら、議会制民主主義は成り立たない。

岸は「院外の運動に屈すれば、日本の民主政治は守れない」[4]と述べたが、これが議会の常識だろう。単独審議や単独採決は、警職法のときも行われたもので、安保条約が初めてだったわけではない。これは少数派が審議を引き延ばして法案や条約を廃案にする「日程闘争」で、その後国会の悪習になった。

丸山は「この窮状から議会主義を救い出す残された道は、どうしてもいますぐ国会を解散して、強行採決を白紙に戻すほかない」という。その当時の勢いからすると、解散・総選挙をすれば自民党が負けると思っていたのかもしれないが、衆議院で新条約は可決されたので、そのあと総選挙をしても「白紙に戻す」ことはできない。

丸山がもっとも激越に岸内閣を批判したのは、一九六〇年八月の「選択のとき」だ。彼は「安保の問題は、あの夜〔五月十九日〕を境いとして、〔中略〕これまでとまったく質的に違った段階に入った」という。強行採決という結果を「われわれが認めるのか認めないのかという問題にしぼられてきました」というのだ[5]。

それを彼は、一九四五年八月十五日に重ね合わせる。彼は朱子学の「復性復初」という言葉を使って「初めにかえれということは、敗戦の直後のあの時点にさかのぼれ、八月十五日にさかのぼれということであります」と述べた。ここで八・一五に比すべき位置づけを与えられたのは、安保条約が可決された五・一九である。

> この存在するものは存在するという哲学、ここからして、もうできちゃったものは仕方ない、その上に事態の収拾を考えなきゃいけない、いつもこれで満州事変、日華事変、太平洋戦争と、もう仕方がない、事既にここに至るの連続で谷間に落ちてしまったわけであります。[6]

ここには「超国家主義」論文から一貫する丸山のイメージがある。既成事実に屈服しやすく、ずるずると戦争に巻き込まれた戦前の教訓が、彼の頭にはつねにあったのだろう。戦前の過ちを繰り返さないためには、主権者たる国民が既成事実をリセットする「復初」が必要だという決断主義も、彼の一貫した思想だった。

その既成事実をつくったのも戦犯容疑者、岸だったが、実は彼も一九六〇年に解散・総選挙を考えていた。彼は一月にワシントンで行われた新安保条約の調印式から帰国したあと、国民の信を問うために解散しようとしたが、川島正次郎幹事長の反対でできなかったという。

彼は「総選挙になれば絶対勝つという確信をもっていました。選挙に勝利して議会に臨んだら、議会がいくら騒いだって、国民が新条約を支持しているではないかということになるんです」と語っている。これは国会審議の前に総選挙をするという意味で、丸山の求めた解散とは意味が違うが、正しかったのは国会で「野球場や映画館は満員だ」と言い放った岸の見通しである。彼が退陣したあと池田勇人首相が一九六〇年十一月に解散した総選挙では、自民党は二九六議席という圧勝だった。国民の大多数は、新安保条約を支持したのである。

一九六〇年以降、丸山は現実の政治についてほとんど語らなくなった。清水は安保条約の自然成立の瞬間に「一緒にいた家族とともにワーワー泣き出した」というが、その後は安保や自衛隊を肯定する立場に転じた。全学連主流派も、条約改正の直後は暴力革命を主張して多くの党派に分裂したが、ほとんどの学生は運動を離れ、その指導部だった東大経済学部の学生は「近代経済学」に転じた。

その意味で五・一九は、戦後左翼の迷走する「原点」になったともいえよう。それまで社会主義という対案を掲げていた左翼が、支持層を広げようとして憲法や民主主義というスローガンを持ち出し、丸山などの知識人もそれに合流したが、そこには積極的な国家像はなかった。自民党も憲法の三原則を守るという点では同じだったので、争点が不明確になり、安保闘争ほどの大衆動員はできなくなった。

皮肉な見方をすれば、学生運動が民衆を指導するのは発展途上国に共通の現象であり、安保闘争はその最後だった。日本が先進国になると、学生は知識人の代名詞ではなくなり、彼らの主張に民衆が従うこともなくなる。「七〇年安保」と呼ばれた学園紛争の政治的影響はほとん

白水 図書案内
No.875／2018-7月 平成30年7月1日発行
白水社 101-0052 東京都千代田区神田小川町 3-24／振替 00190-5-33228／tel. 03-3291-7811
www.hakusuisha.co.jp/ ●表示価格は本体価格です。別途に消費税が加算されます。

十三の物語

スティーヴン・ミルハウザー
柴田元幸訳■2700円

「オープニング漫画」「消滅芸」「ありえない建築」「異端の歴史」と章立て。「ミルハウザーの世界」を堪能できる傑作短篇集。

冬将軍が来た夏

甘耀明
白水紀子訳■2400円
解説・高樹のぶ子

レイプ事件で深く傷ついた私のもとに、突然あらわれた終活中の祖母と5人の老女。台中を舞台に繰り広げられる、ひと夏の愛と再生の物語。

メールマガジン『月刊白水社』配信中

登録手続きは小社ホームページ www.hakusuisha.co.jp/ の登録フォームでお願いします。

新刊情報やトピックスから、著者・編集者の言葉、さまざまな読み物まで、白水社の本に興味をお持ちの方には必ず役立つ楽しい情報をお届けします。（「まぐまぐ」の配信システムを使った無料のメールマガジンです。）

パール・ハーバー（上・下）
――恥辱から超大国へ

クレイグ・ネルソン［平賀秀明訳］

前史から、「卑怯な騙し討ち」、凄惨な攻防、原爆投下、現代まで、米のノンフィクション作家が両国の戦いの諸相を縦横に網羅した大全。

（7月下旬刊）四六判■各3800円

丸山眞男と戦後日本の国体

池田信夫

戦後政治の最大の争点は憲法9条ではなかった！ 戦後民主主義の「神話」を解体する画期的論考。

（7月下旬刊）四六判■1400円

引き裂かれた大地
――中東に生きる六人の物語

スコット・アンダーソン［貫洞欣寛訳］

戦時下に生きる六人の「語り」を通して、現在の中東を動かす「影の原理」と市井の人びとの息づかいを浮き彫りにした渾身のルポ。

新刊

ジャズのことばかり考えてきた

児山紀芳

世界のジャズ史にかかわってきたジャズ・ジャーナリストによる初の著書。ジャズシーンの興隆、名演誕生にまつわるエピソード多数。

（7月中旬刊）四六判■3000円

評伝　鶴屋南北（全二巻・分売不可）

古井戸秀夫

江戸歌舞伎の発展と成熟に多大な業績を残した狂言作者の生涯と作品を、第一人者が半生を賭し、同時代の人間模様と共に描く渾身の大作。

（7月下旬刊）A5判■セット25000円

世紀の小説『レ・ミゼラブル』の誕生

デイヴィッド・ベロス［立石光子訳］

小説の執筆・出版の過程を縦糸に、人名の考察から作品の背景となる世界経済や受容史までを横糸に織り上げられた、大傑作小説の評伝。

どなく、それを最後に途上国型の反政府運動は日本から消えたのである。

自由か計画か

丸山は若いころを含めて共産主義を信じたことはないが、広い意味での社会主義には共感していた。それはソ連のような暴力革命とは違う社会民主主義系の福祉国家だった。これは戦後の知識人の中では多数派であり、冷戦の終了まで変わらなかった。当時の知識人のそういう心理を示す話が、一九六〇年の座談会に出ている。大内兵衛、美濃部亮吉、丸山は次のように語っている。

大内　ソ連と中国の発達のしかた、進歩のしかたがどうもほかよりは早いということで、それが世界的に承認された。〔中略〕

美濃部　その勢力関係がはっきりしたときに、いいかえれば資本主義がとても負けだということがはっきりしても、やっぱり平和は続きますか？〔中略〕

丸山　資本主義なり社会主義がおのおの自分の体制がいいという本当の意味での自信なら、わたしはむしろ共存になると思うのです。ところがその信念が恐怖に裏付けられると――とうてい共存ということにいかないのじゃないか。〔中略〕政治的自由ということは、結局計画性と、個人の自由な選択をどこまで調和さしてゆくかという問題に当面せざるをえない。したがってわたくしは、アメリカ的なデモクラシーとソビエト型のデモクラシーというのは、必ずしも全部ソビエト型のデモクラシーになってゆく形で世界が変化してゆくとは考えられない。(8)

当時の指導的知識人は「社会主義の経済力が資本主義を超える」という予想を前提にして、平和共存の可能性を論じていた。ここでは「自由か計画か」がトレードオフと考えられ、計画経済で能率を上げるには、自由を制限することもやむをえないと、丸山も考えていた。

安保反対は「競争に負けるアメリカ陣営から離れて進歩的なソビエト陣営に入れ」という運動だった。彼らの背景にはマルクス主義という理路整然たる理論があり、ソ連という実例があった。知識人はいずれ庶民も目が覚めれば、日本が社会主義になるのは時間の問題だと思っていた。安保反対派は「何でも反対」ではなく、彼らには社会主義という対案があったのだ。

こういう予想は、社会主義者だけがもっていたわけではない。アメリカの経済学者ポール・サミュエルソンの教科書の一九六一年版では、当時ソ連の実質GNP（国民総生産）はアメリカの半分だったが、成長率は二倍だった。これをそのまま延長すると、二十世紀中にはソ連のGNP（国民総生産）がアメリカを抜くと、サミュエルソンでさえ予想したのだ。(9)

実際にはソ連の成長はこのころには止まっており、日本が一九七〇年ごろまではこれに近い高度成長を遂げたが、それも九〇年代には終わった。しかし一九六〇年ごろはまだ人々の記憶には三〇年代の大恐慌の記憶が残っており、無政府的な資本主義より計画経済のほうが効率が高いはずだと多くの人が思っていた。当時の新左翼も「スターリニスト」の独裁は批判したが、計画経済は正しいはずだと信じていた。

こういう錯覚が崩れ、経済的にも社会主義がだめだと判明したのは一九八〇年代になってからだった。丸山は「アメリカと同じぐらいソ連や中国は信用しない」といいつつも「反共という言葉には拒否反応がある」といい、自分は「反・反共」だとのべている。それは戦前に反共という言葉が反政府勢力を弾圧するのに使われた記憶からだった。

他方、岸は「私有財産を否定する点では共産主義に共感する」といいつつ、「自由な言論を守るために共産主義には断固反対して自由主義を守る」という。丸山は自由な言論を守るために容共の立場をとったが、同じ理由で岸は反共になった。彼らがともに誤解していたのは、共産主義をレーニン的な暴力革命と等置したことだ。それはツァーリズムの嫡子だから「一君万民」の中国でも成功したが、日本ではモデルになりえない。共産主義が国家としても理念としても崩壊した今、反共も反・反共も意味を失ってしまった。

挫折した構造改革

丸山はマルクス主義者ではなかったが、若いころ授業で読んだ『日本資本主義発達史講座』に始まる講座派マルクス主義の影響を受けていた。講座派は日本を絶対主義と規定したコミンテルン（第三インターナショナル）の「三二年テーゼ」にもとづき、まず天皇制を打倒してブルジョア革命を行ってから社会主義革命を行う「二段階革命」を主張した。ここでは日本は「半封建的な遅れた社会」であり、ブルジョア革命は近代化という肯定的な意味をもっていた。講座派の二段階革命論は戦後も日本共産党に受け継がれたが、そこから一九五〇年代に出てきたのが構造改革派である。

これはイタリア共産党のアントニオ・グラムシやトリアッティなどの影響を受けたもので、政治的には議会主義、経済的には労働者自主管理の思想だった。丸山はその指導者だった安東仁兵衛とは長いつきあいがあり、彼の創刊した『現代の理論』にたびたび寄稿している。これは丸山が特定の党派にコミットした珍しい例で、一九六五年には『現代の理論』に掲載した座談会を単行本『現代日本の革新思想』にまとめた。[10]

構造改革派は社会党で「社公民」路線を主張する江田派に集まったが主流になれず、江田三郎は離党して社会市民連合（のちの社会民主連合）を結成した。その綱領は「市民社会主義の人間類型は自立的市民である」と宣言したが、労働組合の組織的支援を受けられなかった。

自民党がアメリカをモデルにしたのに対して、社会党はソ連をモデルにしたが、そのどちらでもない構造改革（社会民主主義）は、日本では一貫した教義のない「改良主義」という負のイメージのまま終わってしまった。

丸山も六〇年安保のときは三木武夫と新党結成の相談をし、安東を介して後藤田正晴らとの交友もあったので、社会党右派と自民党左派が集まって丸山のような頭脳をもてば、建設的な二大政党が生まれていたかもしれない。労働組合の中でも右派の同盟（日本労働組合総同盟）は民主社会党を支持したので、こうした勢力が自民党のハト派と結集すれば、政権交代可能な二大政党ができた可能性もある。

しかし社会党の中核だった総評（日本労働組合総評議会）の活動家は極左化し、一九七〇年代以降は社共共闘による「革新自治体」や共産党の躍進によって左右が両極化した。ヨーロッパの社民政党は六〇年代に現実主義に転換して政権に参加するようになったが、日本の社会党は六〇年安保以降、「非武装中立」という非現実的な政策を掲げたため、政権交代が実現できなかったのだ。この点でも一九五〇年代の知識人は、日本の戦後政治の方向を決めてしまった。

戦後民主主義の虚妄

一九六〇年代後半になると、丸山はその下の世代から「戦後民主主義」の代表として批判を浴びる。これは彼が自称した名前ではないが、当時の先鋭的な左翼は議会主義を否定していた。これに対して丸山は、議会制民主主義を擁護することを明言し、「戦後民主主義を「占領民主主義」の名において一括して「虚妄」とする言説」に反論し、「大日本帝国の「実在」よりも戦後民主主義の「虚妄」の方に賭ける」という。[11]

この有名な言葉は『現代政治の思想と行動』の「増補版への後記」の最後に書かれたものだ。

丸山によると印刷所で校正しているとき衝動的に書いた言葉で深い意味はないというが、今となっては彼の意図した以上の意味をもつ。彼が批判の対象とした大日本帝国は、ともかくも制度として実在したが、彼が擁護した戦後民主主義は虚妄に終わった。それは自民党政権という形でしか実在しなかった。

国民主権を明言した憲法は、丸山の予想を超えた「革命」だったが、日本国民が主権者として勝ち取ったものではなかった。そういう外圧なしに、日本は民主主義を実現できただろうか。その意味で虚妄だったことも、今となっては否定できない。丸山は六〇年安保の時期に政治的立場を鮮明にした理由を、のちにこう語っている。

> 日本では体制自由主義者になることも、コミュニズムの同伴自由主義者になることも、やさしいのですよ。だから私は、リベラルの旗をあくまでおろさない。しかし日本の政治状況では、ビッグ・ビジネス、高級官僚と癒着した保守党が万年与党で、政治的磁場がはじめから一方に傾いている。はかりでいえば右に重しがかかっているから、具体的政治判断と行動ではむしろ左に近くなってもしかたがない。(12)

丸山は一時期はレッド・パージの候補になったともいわれ、アメリカの赤狩りのような反動が日本でも強まることを警戒していた。彼の左に近いスタンスは、戦前の再現を防ぐために戦後に加担する戦略だった。それは逆風に乗って上がる凧のようなものだったので、危機に直面すると昂揚するが、逆風がなくなると失速する。(13)

丸山の永久革命は、その言葉にパラドックスを含んでいた。革命は永久に続くものではない。それを永久に続けることができるのは職業革命家だけであり、一般大衆は日常生活に帰る。直接行動は六〇年安保のような「例外状態」では盛り上がったが、池田内閣で始まったハト派路線で革新勢力は攻撃目標を失った。革新勢力は自民党の個人後援会のような日常的な組織を維持できなかった。労働組合の組織率は下がり、大企業の正社員という特殊な階層の代表になってしまった。

戦後民主主義の「上半身」が丸山で「下半身」が田中角栄だったとすると、丸山の上半身は田中のような下半身をついにもちえなかった。(14) 戦後の知識人を支えたのは、天皇制に代表される「戦前の日本」との闘いだったが、それは成長の中で風化した。一九五八年に丸山はこう「精神的スランプ」を語っている。

ぼくの精神史は、方法的にはマルクス主義との格闘の歴史だし、対象的には天皇制の精神構造との格闘の歴史だったわけで、それが学問をやって行く内面的なエネルギーになっていたように思うんです。ところが、現在実感としてこの二つが何か風化しちゃって、以前ほど手ごたえがなくなったんだ。(15)

もう戦前のような天皇制は復活しないとわかったとき、闘いの対象もなくなった。このあと六〇年安保で戦前の日本のシンボルとして使われたのが岸信介だが、そういうわかりやすい敵はこれが最後だった。知識人は国民に「もう一つの国家像」を提示できなかった。[16] 六〇年代前半までは辛うじて社会主義があったが、それも魅力を失った。残ったのが平和憲法だった。それは丸山のような痛切な経験にもとづく実感ではなく、学校教育やジャーナリズムの中で語り継がれる「戦後の民俗宗教」になった。

東大紛争の心情ラディカリズム

左翼の側から「戦後民主主義批判」が起こったのは、一九六〇年代後半の学園紛争のときだった。東大紛争では、丸山は「ブルジョア民主主義」の代表として東大全共闘に糾弾され、授業に学生が乱入して中断する騒ぎも起こった。丸山は一九六九年三月から肝炎で長期入院し、そのまま一九七一年に退官した。退官の直接の原因は健康問題だが、大学の異常事態によるストレスも原因だったと思われる。

研究室に入ってきて資料を破壊した学生に対して、丸山が「ナチスも日本の軍部もやらなかった暴挙だ」と批判したというエピソードは有名だが、これは吉本隆明の作り話である疑いが強い。[17] 全学バリケード封鎖のときは、法学部の明治新聞雑誌文庫を守るために、その室内で

一ヶ月寝泊まりした。このとき眠れないため、毎晩強い睡眠薬をウィスキーで飲み、肝臓を悪くしたという。(18)

全共闘運動は、もとはベトナム反戦運動から広がった世界的な学園紛争の一環で、具体的な目標があったわけではない。東大では医学部の紛争で大学側が学生を誤って処分したことがきっかけになり、全学ストライキやバリケード封鎖に発展した。それは六〇年安保とは違って暴力を行使したので、派手なニュースにはなったが、多くの国民の支持を得ることはできなかった。

それより本質的な問題は、運動の目的がはっきりしなかったことだ。彼らの求めた「大学解体」は、安保反対より空想的だった。「戦後民主主義批判」は、議会制度を「ポツダム民主主義」として否定するものだったが、その代わりはプロレタリア独裁だった。当時、学生の教祖だった吉本の丸山批判も「東大教授の特権性」をいいつのるだけで、丸山も問題にしていない。

丸山は授業に乱入してきた学生と何度も議論しているが、彼らの政治的主張は「容易にその論理的・実証的な弱点をつきうるものか、それでなければ事新しく感心するまでもないバナール（陳腐）な真理」だとして、軽蔑を隠していない。(19) むしろ彼は学生の行動に、戦前の日本共産党から受け継がれた宗教的な性格を見た。

昨年［一九六八年］秋、加藤［一郎総長代行］執行部ができて、全共闘の要求して来た七項目のほとんどを容れるようになったころ、全共闘系から「問題は七項目をのむかどうかではなくてのみ方が問題なのだ」ということを言い出した。今から思えば、あの時が、東大紛争の大きな転換期だった。つまり、東大紛争の擬似宗教革命的な性格はあの頃から露わになった。のみ方がいいかどうかは心構えや良心の問題であって、外部的行動では判定できない。(20)

丸山のようなアカデミシャンと全共闘をわけた分岐点は、党派性だった。学問的真理を追究するだけでは、実践につながらない。哲学者たちは世界を様々に解釈してきたが、肝心なのはそれを変革することであり、学問も根源的には党派性（イデオロギー）をまぬがれない――このマルクスのテーゼに、丸山も原理的には同意する。

しかし人々を党派に動員するものは学問的真理ではなく、ファナティックな熱狂である。戦後の知識人のうち先鋭的な人々は共産党に身を投じ、暴力革命を実践して挫折した。六〇年安保では、学生は大衆デモを指導する「前衛」となり、全共闘運動では学生が暴徒になった。そこに共通するのは、目的の合理性を問わないで心情の純粋性を尊ぶ「心情ラディカリズム」である。これはのちに日本人の「古層」に丸山が見出すものだ。

丸山は政治的実践には敬意を払っており、戦争と暴力を重視していた。彼が日本の歴史の中で高く評価するのは、自己武装集団としての武士の倫理である。晩年になるほどその評価は高まり、国家（律令制度）に頼らないで自衛する武装集団としての武士に「市民自治」の萌芽を見出している。彼自身は書斎を出ることはなかったが、それが政治的には無力であることも知っていた。

学問的真理の「無力」さは、北極星の「無力」さと似ている。北極星は個別的に道に迷った旅人に手をさしのべて、導いてはくれない。それを北極星に期待するのは、期待過剰というものである。しかし北極星はいかなる旅人にも、つねに基本的方角を示すしるしとなる。(21)

政治的実践は、客観的認識を犠牲にする党派的なものであるしかない。マルクスもウェーバーも政治的には挫折したが、大きな学問的成果を残した。それは彼らの望んだ結果ではないだろうが、後世の人々には幸いだった。安保反対や全共闘は政治的には大きな運動になったが、知的には何も残さなかった。その教訓を後世に引き継ぐためには、実践と隔絶した学問にも意味はあるのだと思う。

第六章

「原型」から「古層」へ

丸山を論じるとき、その思想を一九六〇年を境にわけることが多い。前半の戦後民主主義の旗手としての活躍は社会的影響が大きかったが、彼自身はこれを「夜店」と呼び、自分の本業とは考えていなかった。彼自身の学問的な「本店」は、政治活動から身を引いた後半に行われた日本政治思想史の研究だが、それをほとんど公刊しなかった。

これは二度にわたって長期入院するなど健康上の理由もあろうが、彼が完璧主義者だったことも原因だろう。彼は論文を発表した後もたびたび原稿に手を入れ、長い「追記および補註」をつけることがしばしばだった。しかし死後に刊行された講義録で、その全貌がようやく見えてきた。彼は講義をほとんど一言一句まで準備して読み上げたので、講義録は完成度が高い。

敗戦という「開国」

戦後の彼の講義は一九四六年度から始まり、講座名は「東洋政治思想史」だが、中身は日本政治思想史だった。彼の研究したのは江戸時代だったので、初期は近世の政治思想が中心だったが、六〇年代には通史の形を取るようになった。その対象も狭義の政治思想から広範な宗教・文化に及び、「日本思想史の展望」ともいうべきものになった。彼の講義録はルーズリーフに書かれ、ほとんど著書に近い詳細なものだ。ほぼ同じ内容を講義する場合も、毎年新たに書き改められている。

その最大の特徴は、日本人の思考様式の「原型」が古代から現代まで続いているという仮説から出発することだ。この言葉は一九五〇年代にはなく、一九六三年の講義に初めて出てくる（講義録では一九六四年）。彼が「原型」という概念を使い始めた原因は、日本が文化的にはほとんど海外から輸入した「開かれた社会」でありながら、地理的には孤立して対外的な戦争もほとんどない「閉ざされた社会」だったという特徴を考えるためだった。

これは初期の発展段階論からの大きな変化で、敗戦と占領という「開国」の経験によるものと思われる。戦時中まで圧倒的に人々を支配していた国体論が、戦後あっという間に崩壊し、人々がそれまで禁句とされていた「民主主義」を受容した事実は、丸山に強い印象を与えたのだろう。

単線的な発展段階論では、日本のような周辺国の思想史は描けない。漢字も仏教も儒教も、日本で生まれたものではない。ひらがなのように日本で生まれた文化も元は漢字だから、日本の文化は何らかの意味で外国製である。日本人のアイデンティティを「土着の伝統」に求めようとすると、外来文化の影響を除いた後には何も残らない。

このように「どこで生まれたか」ということだけを基準にして伝統を語る発想を丸山は「伝

統の植物主義的な定義」と呼んでいる。「日本の中に生えたものだけが「伝統」だという土着主義。その考え方で行けば、クリスト教はヨーロッパの伝統になるはずがない」[1]。逆に外来の文化であっても、日本人が吸収して咀嚼したものは日本の伝統になる。漢文の訓読や漢字仮名交じり文のような世界に類をみない折衷的な言語は、日本の伝統といってもいい。アメリカ生まれの民主主義も日本の新たな伝統になりうる、と彼は考えた。

一九五七年度の講義では、アンリ・ベルクソンやカール・ポパーを意識して〈open society〉と〈closed society〉が対比されているが、日本はそのどちらでもなかった。海外に対して閉じてはいないが、地理的に大きく離れていたため、外来文化は支配層によって輸入され、民衆の生活にはあまり影響しなかった[2]。

その実例としてキリシタンが挙げられている。キリスト教の普及が急速だったのは、当時の大名にとって在地領主になった仏教寺院に対抗する意味が強かったためと思われるが、これがキリシタンの弱点でもあった。キリスト教の教義が理解されたわけではないので、徳川家の支配が確立して迫害が始まると、キリシタンは脆弱だった。

丸山は外来文化と土着文化の違いが「上下層」によるものと考え、「下層においては原始社会からの伝統的生活と風俗の様式が執拗に残っていた」と述べたが、一九六三年度から「原型」が論じられるようになる。このあと毎年、講義の最初に「原型」論が繰り返され、そのあと年代によって古代、中世、近世の政治思想が論じられるが、一九六八年度に予定されていた明治以降は東大紛争で休講になり、彼は近代政治思想史を一度も講義しないまま退官した。

「原型」とその自覚

講義録で「原型」が最初に出てくるのは一九六四年度で、これが（一九六五年度を除いて）最初に毎年繰り返されるが、その内容は重複しながら微妙に変化している。彼も講義の最初に断っているように、日本人の中に古代から現代まで一貫した思想を見出すこと自体が大胆な仮説なので、それが荒削りになることは避けられない。

日本人の中に変わらぬ「原型」がある理由を、彼は島国という言葉に求める。「外来文化の刺激で、旧来の生活文化が根底から覆ったり、滅び去るには、あまりに自足性と連続性が強い」が、「完全な閉鎖的自足性を維持するには、あまりに優秀な大陸文化からの外的刺激を受けやすい」[3]。日本と朝鮮半島の距離はドーヴァー海峡より大きく、南太平洋の島国より小さいからだ。

日本列島は大陸から切り離されたまま一万年以上、独特の文化を形成してきたので、同質性が高いという。これには「単一民族の神話」だという批判があり、確かに異質な文化を排除してきた結果という面もある。古代にそれほど同質的な「日本人」が全国にいたかどうかは疑問だが、丸山のいうのは相対的な同質性である。それもすべての階層で同一ではない。一九六四年の講義では、彼は思想の「成層性」を次の四層に分類している。[4]

A 学者・思想家・政治的指導者の学説・理論・世界観
B 個々の問題に対する意見（世論）
C 時代精神とか時代思潮といわれるもの
D 価値意識、生活感覚、生活感情

上の層ほど目的意識的で、下の層ほど自然生長的である。政治思想史の対象は、江戸時代以前はほぼA層に限定されるが、それは彼の描いた図ではピラミッドの頂点にあるA層で、一部の知識人の書いた文書である。歴史の大部分を通じて、D層のような民衆の意識はほとんど記録に残っていないので、A層の文書から推測するしかない。

思想を経済的な土台を反映した上部構造と考える「受動的反映論」は、D層には妥当する場合もあるが、A層には当てはまらない、と丸山はいう。思想が「時代の子」であることは確かだが、時代を超えて残る思想はしばしば反時代的なので、それが同時代の多数派だったとは限らない。

したがって彼は文献から「日本人の思想」一般を推定するのではなく、その目的は、こうした過去との連続性を見出すことだった。それによって「われわれの中にひそむ無自覚的な考え方を自覚でき、その結果、そのコントロールが可能になる」。彼の目的は歴史的事実の探究ではなく、現代の日本人にも変わらない「原型」を抽出することで、それを乗り超えることにあった。

だから彼がいうのは「原型」という概念が実在したということではなく、近代人としての自覚のための手段として、過去にも同じものを見出すことができる、ということまでだ。それを「前近代的」な遺物として否定するのではなく、現代人にも共通の意識として認識することが重要だというのである。

私のなかにはヘーゲル的な考え方があります。つまり、〝自分は何であるか〟ということを自分を対象化して認識すれば、それだけ自分の中の無意識的なものを意識的のレヴェルに昇らせられるから、あるとき突如として無意識的なものが噴出して、それによって自分が復讐されることがより少なくなる。［中略］カール・シュミットが、ヘーゲルとマルクスの関係について言っていることがまさにそれです。(5)

彼はそれを戦前、シュミットから学んで「目からウロコが落ちる思い」がしたという。ヘーゲルは「ミネルヴァの梟は黄昏に飛び立つ」と述べた。これはある時代の意味は、それが終わるとき初めて全体的に認識されるという比喩だが、マルクスはそれを逆転させたとシュミットはいう。「それが正しく認識されるということは、その時代がすでに終わりを告げていることの証拠である」(6)。

丸山はそれを引き合いに出し、「過去をトータルな構造として認識すること自体が変革の第一歩」だという。これは彼の政治活動と本業をつなぐ論理として興味深い。「原型」は単なる学問的概念ではなく、日本人の「無意識」の世界を意識化することによって、それを乗り超えようというものだった。

心情の純粋性

一九六七年の講義では、半分近くが「歴史的前提」と題した日本文化論にあてられている。ここで「原型」として論じられているのが、のちに「歴史意識の「古層」」で彼が論じたテーマである。

> 呪術の世界にはそれぞれの situation（場）に、それぞれの精霊が内在している。かまどの神とか、へっついの神とか、厠の神とかいう表象をみよ。だから、特定の場に特定の祭儀が対応することとなり、祭儀自体が多様性をもつ。いいかえれば、「聖なるもの」が多様であって、場に応じて使い分けられることになる。[7]

彼はこのような日本人の状況に依存した行動様式をキリスト教と対比している。日本では中間集団の自律性が高く、中央集権国家が近代以前には成立しなかったので、普遍的な倫理規範が成立せず、「共同体的功利主義の基準は、その共同体にとっての福祉・災厄であり、特別主義（particularism）である」。これに対して心情が純か不純かという審美的な基準も強いため、「「感覚美」の閉鎖的なコスモスがつくられれば、［中略］それだけが絶対性をもつ傾向性がある」[8]。

このように日本文化の「原型」には一貫した論理が欠けている代わりに、「形」への強いこだわりがある。善悪も絶対的な対立ではなく、「けがれ」を清めることによって相対化される。外来の宗教や知識を吸収するときも、その形は忠実に守るが、内容は「日本的」に換骨奪胎してしまう。天皇もこうした形の一つであり、それは千年ぐらい前に権力としての実体を失いながら、武家政権はその「臣下」としてふるまってきた。

このようなシステムは、強い権力なしにローカルな共同体が「形」を共有することで平和共存することを可能にした。江戸時代の長い平和は、そのたまものだ。幕府は秩序を固定化し、分立する「くに」を互いに牽制させることで平和を守ったが、それは経済活動の停滞をもたらした。

こうした歴史の中で一貫しているのは、「なりゆき」の連続性を重視し、多くの人の共有する「いきほひ」に同調する行動様式である。そこでは絶対的な理念や目的の合理性は問われず、「ここまで来たんだからやめられない」という理由で既成事実に屈服し、過去と未来がずるずるとつながる。この「古層」の上に築かれる政治的秩序は、形の上では儒教や憲法などの文書で定められるが、その実態は特殊主義的な利害や人間関係で決まる。

こうした伝統は、江戸時代も今もほとんど変わっていない。絶対的な理念や権力が不在の状況では、理念をめぐる争いも起こらず、権力を倒す変革も起こりえない。変化の契機は、つねに外からしか出てこないので、鎖国にみられるような排外主義は日本的な秩序を守る上では有効である。

日本人の価値意識の根底にあるのは「集団的功利主義」（あるいは共同体的功利主義）だと丸山はいう。個人的な功利主義が普遍的な快苦の基準に立脚する点で普遍主義であるのに対して、集団的功利主義はその共同体にとっての福祉・災厄であり「特殊主義」（あるいは特別主義）だという。

ここで彼が功利主義と呼んでいるのは「ベンサムのような快楽主義」だが、集団的功利主義という概念は丸山の造語である。ここでは「きわめて主体的な個人主義」とは違って、集団の利益を優先して個人の利益は排斥されるという。この集団的功利主義では、集団にとって利益になるものを善、害になるものを悪とみなす。

ここから出てくる倫理意識には、超越的な善悪の基準はない。ツミという言葉は日本の神話でも出てくるが、その意味は農耕や災害に関するもので、それに対する言葉はハラヒやキヨメである。ここには罪悪感のような内面的な価値基準はなく、ケガレはミソギによって洗い流すものだ。

集団的功利主義とともに、古代の倫理意識の特徴として彼があげるのは、「心情の純粋性」

あるいは「動機の純粋性」である。それは目的の善悪を問わないで、純粋な動機かどうかを倫理基準とするもので、キヨキココロとかアカキココロと呼ばれた。その対義語は、キタナキココロあるいはクロキココロである。

イザナギはアマテラス・スサノヲ・ツキヨミの三人の子供をつくり、そのうちスサノヲには海の統治を命じたが、彼は母（イザナミ）のいる国に行きたいといって泣きわめくので追放される。このとき天地が震えたので、アマテラスがスサノヲを問い詰めると、彼は「キタナキココロなし」と答える。

このような心情倫理が集団的功利主義と結合すると、キヨキココロは集団のために個人が奉仕すること、キタナキココロは利己的な動機で集団の利益に反する行動を示すことになる。このため倫理意識が特定の共同体に制約され、普遍的な宗教に発展しなかった、と丸山は整理している。

丸山は日本の神話を「呪術的段階」とし、それが多神教に発展し、一神教として合理化されるという。ここでは呪術と宗教を区別するデュルケーム的な宗教社会学が前提とされている。日本の「特殊主義」を強調する表現も講義録に特徴的だが、呪術的な思考様式は特殊なものではない。日本のような呪術的な形態が普遍的であり、一神教は特殊である。彼は人類学の成果も知っていたはずだが、この時期には発展段階論的な発想が残っている。

つぎつぎになりゆくいきほひ

一九七二年に丸山が発表した「歴史意識の「古層」」は、大きな反響を呼んだ。モダニストの代表が伝統に回帰して保守化したと多くの人が考えたからだ。「丸山は変わった」とか「東大紛争で転向した」などという人もいたが、彼は「古層」は一九六三年の講義から使っていた「原型」という言葉の言い換えだ、と反論している。それを「古層」という比喩に言い換えた理由を彼はこう説明する。

> 「古層」の上に仏教とか儒教とかあるいはキリスト教とか、自由民主主義とかいろいろの外来思想が堆積してくるのですが、底辺には「古層」はずっと続いているわけです。つまり、「原型」というとマルクス主義のアジア的生産様式の論争のように、一番「古い」段階のような感じを与え、〔中略〕歴史的発展系列の中にくり入れられてしまう恐れがある。「古層」と言えば、時代を超えて働き続ける成層性がヨリ明らかになる。[9]

それまでの「原型」が発展段階論的な誤解を与えるから「古層」に言い換えた、という説明は疑問である。初期の講義録では「呪術的段階」といった発展段階論的な発想がみられるので、「原型」はマルクスのアジア的生産様式のような発展段階をイメージしていた面もある。六〇年代まで発展段階論的にとらえていた日本人の思考様式を見直した結果、地質学的な比喩に変えたといったほうが実態に近いだろう。レヴィ＝ストロースは彼の「構造」を地質学的なモデルで述べているが、丸山はその影響を受けたのかもしれない。

だとしても、『古事記』や『万葉集』の時代から現代まで、日本人に共通の「層」があるという仮説は、証明も反証もできない。彼が設定したキーワードが古文書の中に見つかったからといって、それが「古層」なのかどうかはわからない。方法論としてはウェーバーの「理念型」に近いともいえるが、実証的とはいいがたい。今なら、たとえば古文書をテキストファイルに落としてキーワードを集計するなどの方法があるが、丸山の時代には彼の読書量が唯一の信頼性の根拠だった。丸山も「一種の循環論法になることを承知で」論じたと断っている。(10)

また古文書だけを根拠に「日本人」一般の歴史を推定するのも、方法論的としては古い。当時は文化人類学で「無文字社会」の分析が注目され、丸山もこうした方法論の限界はわかっていたと思われる。日本でも柳田国男は文字にならない民俗を探究したが、丸山は民俗学には「「むかし、むかし」［というだけ］なんです」と批判的だった。(11)

丸山の議論は、柳田とは対照的である。その対象は文献に限られ、民間伝承にはまったく関心をもたない。柳田の集めた膨大な民話から彼は何をいいたいのかははっきりしないが、丸山の仮説は明確である。「古層」論文では、それは三つの「基底範疇」で要約されている。彼が最初に挙げるキーワードは「なる」である。世界の神話には「つくる」「うむ」「なる」という三つの類型がある。このうち「つくる」は、ユダヤ教の天地創造のように、宇宙の外側にいた神が世界をつくったという神話で、神と世界は主体と客体の関係にあり、世界には明確な目的がある。

これに対して「うむ」というのは世界が神々の生殖行為で生まれたという神話で、「なる」というのは、世界に内在する神秘的な霊力がおのずから具現化して生まれたという神話である。日本の記紀には「つくる」要素はまったくなく、「うむ」と「なる」がみられるが、「なる」に近い。ここでは「つくる」論理におけるような主体への問いも目的意識性もみられない。

この発想の元祖は、本居宣長の「凡て世間のありさま、代々時々に、吉善事凶悪事つぎつぎに移りもてゆく理は〔中略〕悉に此の神代の始の趣に依るものなり」(12)という言葉である。これは国学から昭和初期の日本主義まで継承され、丸山もそれを踏襲しているが、記紀だけでは「古層」の証拠として弱いので、話は鎌倉時代の『愚管抄』や『水鏡』に飛ぶ。その間に五百年ぐらい時間がある史料が、古代から中世まで一貫して「なる」の意識があったという論拠になるかどうかは疑問である。

第二のキーワードは「つぎ」である。丸山が注目するのは、記紀で「次に」とか「次は」という表現が頻出することだ。『古事記』では国生みの開始からイザナミの話の終わりまでに四七回も「次」という言葉が使われているという。これは単に物事を列挙するときの口癖とも考えられるが、丸山は記紀の中でいろいろなケースを拾い出し、回数を数えて実証的に論じている。

記紀に「つぎ」が多いことに意味があるとすれば、それは「つぎつぎ」に継起する歴史の連続性を重視する思想と考えることができる。「つぎ」は「継」でもあり、親子の継承も兄弟の年齢順も示す。これは皇室の無窮性をあらわし、広くは家の継承性をあらわす。ここでは儒教以来の君主の正統性が変容している。中国の「一君万民」の統治機構においては、皇帝の正統性は「天命」にあるが、それを受容した日本では普遍性の意識がなく、「つぎつぎ」の無窮性が正統性の根拠となったのだ。

第三のキーワードは「いきほひ」である。その特徴は、この言葉に「徳」という漢字が当てられることだ。「天皇の徳」は「すめらみことのいきほひ」と訓まれ、ある天皇が「有徳」だという記述と「大悪」だという記述が並行して出てくる。天皇の正統性の根拠になっているのは儒教的な徳治主義ではなく、それが豪族の大多数をおさえる勢いをもっているという機会主義である。

そこには何を徳とするかという絶対的な基準はなく、そのとき優勢な者が支配者になる。「ここでは「徳」があるから「いきほひ」があるのではなくて、逆に「いきほひ」があるものに対する讃辞が「徳」なのである」[13]。つまり天皇家の支配には倫理的な根拠がなく、たまたま強い家が選ばれるのである。このような「古層」の特徴を、丸山は「つぎつぎになりゆくいきほひ」というキャッチフレーズに要約する。それはテキストの精密な読解で裏づけられてはいるが、実証的な文献学ではなく、記紀から宣長の『古事記伝』までを自在に往復する丸山の思想である。この論文は、次のような印象的な言葉で結ばれる。

「神は死んだ」とニーチェがくちばしってから一世紀たって、そこでの様相はどうやら右のような日本の情景にますます似て来ているように見える。もしかすると、われわれの歴史意識を特徴づける「変化の持続」は、その側面においても、現代日本を世界の最先進国に位置づける要因になっているかもしれない。このパラドックスを世界史における「理性の狡智」のもう一つの現われとみるべきか、それとも、それは急速に終幕に向かっているコメディアなのか。[14]

これを「日本は世界のトップランナーになった」という（七〇年代の日本によくあった）話と誤解した人もいたが、丸山は「むろん皮肉をこめて言ったつもりだ」という。森有正がこの論文を批判したときは、パリで会って真意を聞いたが、彼がそれを日本賛美論と誤解していたので拍子抜けしたという。[15]「急速に終幕に向かっているコメディア」という表現でもわかるように、丸山は日本の繁栄を冷ややかにみていたのである。

「古層」という暗黙知

丸山は「古層」が生まれた原因を分析していないが、文化人類学では、家族の延長として氏族（親族集団）ができるのは普通である。[16] 珍しいのは人口一億人以上の大国で、この原理が続いていることだ。戦争などによる人口の流動化で親族集団は維持できなくなり、中国の宗族のような擬似親族集団になるか、インドのカーストのような職業集団になることが多い。ヨーロッパではキリスト教という特殊なイデオロギーで統合したが、これが激しい宗教戦争を招き、社会の流動化を促進した。

これに対して日本の武士では「家」が機能集団として拡大し、一つの藩が大名家として組織された。[17] これも擬似親族集団だが、血縁はあまり重視されず、養子縁組で人材を登用した。他方で地縁集団としての側面ももっており、他の国にあまり類型がない。

丸山の強調する「古層」の特徴は、価値判断をもたないで既成事実に従う習性だ。しいていえば共同体の存続そのものが価値で、目的意識は希薄である。これは平和なときは平和を守ろうという保守的な意識になるが、昭和になって対外拡張主義という「なりゆき」が決まると、無理して戦争を拡大する強硬派が本流になり、慎重派は排除されてゆく。

「古層」を現代的な言葉で表現すると、マイケル・ポランニーの「暗黙知」だろう。[18] これはその社会で多くの人々に共有される集団的な潜在意識で、日本人はこのレベルの問題を「つぎつぎになりゆくいきほひ」でアドホックに決めてきたため、その方法論も意思決定をするリーダーもいないが、その拘束力は強い。歴史的に継承されてきた「古層」には、強い「経路依存性」があり、いったん決まった経路からはずれる「異分子」は淘汰されるからだ。

普通は「閉じた社会」が大規模化するにつれて人的交流が増え、個人主義的な「開かれた社会」に移行する（この点はヨーロッパも中国も同じ）のだが、日本では今も「閉じた社会」としての中間集団の自律性が強い。これは江戸時代以降は戦争で中間集団が全面的に破壊されたことがないためだろうが、それが多くの人に共有される暗黙知のベースになっていると考えられる。

倫理意識の「執拗低音」

日本人は古代からニーチェ的なニヒリストだったのかもしれない、という丸山の認識は、同じ時期に書かれた（最近まで公開されなかった）「日本における倫理意識の執拗低音」[19]でわかる。この論文は彼がプリンストン大学に滞在していた一九七五年に英語で書いたもので、「歴史意識の『古層』」および「政事の構造」と並ぶ「古層」三部作だが、「試論の域を出ない」ということで公刊されなかった。

執拗低音というのは、丸山が「古層」に代わって使い始めた概念で、バロック音楽にみられるbasso ostinatoのことだ。「古層」がマルクスの「土台と上部構造」の図式を連想させるため、言い換えたという。日本では歴史的に外来の文化が主旋律だが、それを日本的に変形する低音部がいつも響いているというが、直観的にわかりにくいので比喩として役に立たない。本書では「古層」で統一する。

「倫理意識」論文は、他の二本に比べると完成度は劣るが、注目すべき論点がある。それは『古事記』の時代から江戸時代に至るまで、日本人には規範意識がなかったという大胆な主張である。丸山は神話を分析する方法論を論じ彼は世界の神話に普遍的な構造を抽出しようとするのではなく、日本という特殊な社会を分析するのだと断っている。

彼の基本的なロジックは、日本では「古層」が変わらないがゆえに、表層が激しく変化できるということだ。たとえば『古事記』の文法は今とまったく違うが、愛媛、隠岐、壱岐、対馬、佐渡などの地名は同じだ。これは統治システムに革命的な変化がなかったことを示している。このような「古層」が安定しているので、仏教も儒教も民主主義も社会主義も、容易に輸入できるが根づかない。そういう知的ファッションは、人々の心の中に長期間かけて沈殿した暗黙知を変えることができないからだ。「古層」は主旋律にはならないが、外来文化の受容パターンに影響を与える。

丸山は本居宣長によりながら、そのパターンを『古事記』でくわしく分析している。たとえば「禍々しい」という言葉の語源は「曲がっている」という意味で、両者に規範的な優劣はない。曲がった神が他の神との交流の中で「けがれ」を落とされる、という物語になっている。ここでは一方が他方を滅ぼすわけでもなければ、両者が弁証法的に統一されるわけでもない。穢れた神のあとには、おのずから清い神が登場して平和をもたらすのだ。ここでも「いきほひ」によって時間がおのずから問題を解決するという意識がある。

『日本書紀』も含めてこういう倫理意識（あるいはその不在）は一貫しており、たとえば「邪心」ということばも「きたなきこころ」と読み下す。正義と悪という対立概念が、まったく出てこないというのだ。この場合の「きたなき」とか「きよき」の基準は、共同体を破壊するものがきたなき心で、それを（ときには自分の命をかけて）守るのがきよき心である。儒教の「天理」のように正邪を決める絶対的な基準はない。しかもそれは個人の好悪とも違い、共同体の長（アマテラス）の立場から判断する。

このようなパターンは——時代は大きく飛躍するが——江戸時代の儒学の受容にもみられるという。闇斎学派のリーダーだった佐藤直方は「仁とは何か」と門人に質問されて「相手がなんといとしいことかと思わず口に出すとともに、はらりと涙がこぼれる」ことだと説明している。国を愛すべきだといった規範によって愛するのは仁ではないのだ。

ここでは倫理の基準は「もののあはれ」という（半世紀後の）宣長と同じ言葉で説明され、人々の内面から自然にわき上がってくる心だけが善である。これはある種のニヒリズムだが、各共同体には固有の「集団的功利主義」が価値として共有されている、と丸山はいう。

丸山がよく使った言葉に「他者感覚」がある。ＮＨＫ教育で放送された彼の追悼番組の録音では、オウム真理教の起こしたサリン事件を「戦前の軍部と同じだ。仲間内の気分だけで暴走する。他者感覚が欠如している」といっている。これは東大紛争のころ書かれたメモでも、全共闘への批判としてよく使われている。(20)

この言葉には学問的な意味づけはされていないが、「倫理意識」論文では、こうした他者との関係に日本人の規範意識（の欠如）の原因が求められている。日本人には、キリスト教や儒教のように体系化された規範がないと彼は結論し、その心理的な意味を次のように説明する。

もし純粋なこころが感情の自発的発露という点から定義されるとすれば、以下のことはきわめて自然だということである。すなわち、自分が属している共同体あるいは集団（それが民族、御家、会社、宗教結社など何であれ）に対する心情的で一途な献身は、その共同体の内部で最高の評価を得てきたし、いまも得ているということである。[21]

こうした感情的な同一化の最高の段階は、恋愛である。近松の心中物では性交の果てに死ぬことが最高の愛の表現であり、二人は来世で仏になる。『葉隠』では武士道を主君への恋にたとえている。闇斎学派のような儒学でさえ「仁」の意味を「もののあはれ」と説明している。ここでは規範の根拠は、宗教とは無関係に「心を一つにする」という点に求められており、その意味では個別利害を超えた普遍的な愛というキリスト教の概念に近い。しかしキリスト教の愛の対象が神であるのに対して、日本にはそういう第三者はいない。その倫理意識の根底に恋があるというのは、折口信夫なども論じたことだ。

このような人情が倫理の基礎にあるとすると、多様な人々がランダムに出会う大きな社会で、そういう人情を共有することはむずかしい。未知の他者と同じルールを守るためには、両者の上に立つ第三者（他者）が必要だが、日本の社会はそういう第三者を排除することで身内の結束を強めてきたからだ。

中世以降の日本では、こうした仲間意識を超えた他者との戦争が日常化し、それを調停する法や裁判の制度もできたが、江戸時代には幕藩体制は狭い日本を三百近い藩に細分化し、他者との交流を断つことによって身内の平和を守るために、個人に対して強い同調圧力がかかる。これはもはや人情ではなく、義理である。

「古層」と仏教

「古層」論文は多くの批判を浴びた。歴史学者からは、実証的な手続きなしで日本人の歴史意識を一般化したことへの批判が強い。たとえば安丸良夫は、歴史の「基底部」に史実を超えた「古層」が存在するか否かは「歴史家としては明言できないこと、あるいは明言してはならないこと」だという。[22] 史実を超えた観念を、史実で検証することはできない。それが実証科学をめざした近代歴史学からの逆行として批判されたのは当然である。

また「古層」という表現には、宿命論的なニュアンスが強い。丸山はそれが宿命論ではないと釈明したが、古代に蓄積した地層を今から変えることはできない。同じく地質学的な比喩を使ったレヴィ＝ストロースは、すべての人類に不変の思考形態を未開社会に見出そうとしたが、これも「反証不可能な形而上学だ」と批判を浴びた。

そもそも「古層」は日本人に固有なのだろうか。末木文美士は、日本人の歴史観の特徴を「なる」に見出す丸山の議論は、戦前の日本主義と似ているという。[23] たとえば紀平正美の『なるほどの論理学』(一九四二)は、西洋的な「ある」に対して日本の「なる」の論理を対比し、「なるほど」とうなずく日本人の態度に「我と汝の対立」を超える「和の精神」を見出す。

これは丸山の「古層」と似ているが、違うのは紀平が「なる」の論理を仏教から生まれたものとする点だ。末木によれば、このような「なる」自然観は日本人に固有のものではなく、仏教も含めて東アジアに普遍的だという。丸山は儒教やキリスト教と比較するので、まったく違うようにみえるが、中国でも儒教は一部の知識人のもので、民衆に普及していた老荘思想は「なる」自然観に近い。それは「原始仏教」と呼ばれる古代インドの思想にもみられる。

歴史的な順序からみても、丸山が『古事記』に日本の土着信仰の「古層」を見出したのは誤りだと末木は指摘する。[24]『古事記』が編纂されたのは七一二年だが、仏教はその二百年ぐらい前に日本に伝来しており、記紀神話には仏教の説話の影響がみられる。アマテラスのような太陽神は古代日本にはなく、これは密教から入った大日如来の影響と推定される。むしろ神道は、仏教によって体系化されて生まれたのだという。

記紀から仏教の影響を除去して「古層」を復元するには高度な文献考証が必要で、丸山のように天孫降臨の神話をそのまま「古層」と考えるのはナイーブすぎ、その証拠も『古事記』と

『日本書紀』しかない。これは文書を手がかりに歴史を読み解く丸山の方法論の限界である。『日本書紀』が漢文で書かれていることからも明らかなように、その主要部分は中国文明と仏教の影響によるものである。もちろんそこには古来の日本の民俗信仰も継承されているが、それは丸山のいうほど独自性はない。

文献として証拠があるのは、『魏志倭人伝』に出ている卑弥呼のシャーマニズムぐらいだが、これは太平洋地域に広くみられる。丸山のいう祖先信仰は、もっと後の時代とされている。アニミズムは仏教の伝来前にあったと思われるが、神社も御神体もあったとは思われない。むしろそれまで各地にばらばらにあった俗信が仏教によって体系化され、「無」とか「空」という仏教思想の影響を受けて「古層」が形成されたと考えたほうがいい。

丸山が日本独自の思想と考えている「つぎつぎになりゆく」歴史意識は、大乗仏教の影響を受けたものだ。「神仏習合」も普遍的な現象で、ローマ・カトリック教会はギリシア・ローマ神話の多神教とパウロ主義の一神教が習合したものだ。クリスマスやハロウィーンなどもゲルマン民族の土着信仰をキリスト教の儀式として習合したものだ。

「苦しむ神を仏が救う」という信仰の起源は古代の中国にみられ、「神が仏を守る」という信仰の起源はインドにある。日本で生まれたのは、仏教をモデルにして新しい神ができる「言霊」のようなケースだが、これも平安時代以降だ。その原因は武士に脅かされる貴族の政治的な不安であり、民俗信仰ではない。

日本独自の本格的な宗教は「本地垂迹説」だといわれるが、これも六朝時代の中国にみられ、天台宗の影響で広まった。このように「神道」のほとんどは輸入思想であり、「日本古来の伝統」なるものは、玉ねぎの皮をむいたらなくなってしまう。丸山が記紀に反映されたオリジナルの「古層」と考えた日本文化は、むしろ仏教をベースにして儒教の影響を受けて形成されたと考えたほうがいい。

では日本人の歴史意識や倫理意識がインド人や中国人と同じかというと、どっちにも似ていない。むしろ雑多な文化を組み合わせる枠組が「古層」だったといえよう。丸山もこれを実体化することを避けようと「執拗低音」などと言い換えたが、それほど日本独特のものではない。これは行動経済学や心理学でいう「システム1」と考えるのがわかりやすい。(25)

それはしばしば「潜在意識」や「集合的無意識」などと実体化されるが、システム1と2の境界は相対的なものだ。たとえばピアノの初心者はシステム2で意識して演奏するが、プロのピアニストはシステム1で意識しないで演奏する。それは脳の中でつねに使われることによってきたえられる反射的な「速い思考」であり、多くの人々が共有することで慣習となる。

日本は平和が長く続いたために、このシステム1が発達し、言葉や文字にしなくても文脈を共有できる「ハイコンテクスト」の文化である。これも珍しい現象ではなく、アボリジニーのように孤立した環境でながく暮らしている民族は、互いにほとんど言葉をかわさないで身振りだけでコミュニケーションを行う。

ただ中世以降は戦争が増え、「古層」とは異質な武士のエートス（職業倫理）が形成された。これは貞永式目がマグナ・カルタと似ていることでもわかるように、かなり普遍的な文化で、しかも世界史的にもっとも早い時期に属す。しかし十七世紀以降は、この武士のエートスも「古層」に埋め込まれ、平和で停滞した幕藩体制が生まれた。

明治以降の近代化は、このように「古層」に埋め込まれた戦闘のエートスを西洋思想と接合する試みだったが、ほとんど内戦は起こらず、驚くほどスムーズに革命が実現した。それは人々がきわめてハイコンテクストの慣習を共有していたからだろう。

こう考えると、『古事記』から現代まで一般化する「古層」概念には疑問がある。仏教や儒教の影響を受けながら独自の形をつくってきた日本文化は、少なくとも江戸時代以降は一貫しているが、その表現は時代とともに変わってきた。丸山が類型化したキヨキココロのような素朴な倫理意識が古代から続いたとは思われない。

人間と世間

丸山の「古層」論は、それほどオリジナルなものではない。こうした日本人論の元祖が和辻哲郎の『人間の学としての倫理学』（一九三四）である。漢語の人間は「人と人の間」とか「世間」という意味で、「人間行路難」（蘇軾）とは「世の中を渡るのはむずかしい」という意味である。他方、やまとことばでは「ひと」は他人（ひとごと）をさすこともあれば、世間（ひとの噂も七十五日）の複数の人をさすこともある。

このように曖昧な日本語を和辻はあえて逆用し、人々の間柄とか人間関係のあり方を考える「人間の学」として倫理学を考える。和辻の意味での人間（関係）を〈人間〉と書くと、ヘーゲル哲学は〈人間〉学であり、マルクスの唯物論は素朴実在論ではなく「人間の本質は社会的諸関係の総体である」という〈人間〉論だという。これは現代的な解釈である。(26)

ここでは単数の個人というのはもともと想定されておらず、人は人々であり、仲間である。本質的な存在は〈人間〉すなわち間柄であって、個人はそこに所属する存在として初めて意味をもつ。これはある意味でポストモダン的な「人間の消滅」を、日本人が古代から知っていた、という丸山の「古層」論文の結びに似た話である。

ここでは〈人間〉は個人と同一視できるぐらい安定した「古層」なので、自―他の緊張関係が欠けている。ひと（他人）が自分を裏切ることは想定していないため、事実と規範の区別がなく、〈人間〉に同化するのがキヨキココロであり、〈人間〉に隠れて私心を抱くことがクロキココロである。

これは丸山も参照している本居宣長の分類だが、和辻はここから当時の学界の主流だった新カント派を批判し、事実と規範は根源的には同一だというヘーゲル的な立場に立つ。和辻の倫理学は単純化すると、ヘーゲルの「絶対知」の位置に「空」を置き、そこから自然に出てくる〈人間〉のあり方を規範とするものだ。これは仏教的な「覚り」の境地ともいえる。

それは丸山も批判するように現状追認に流れやすい。一九四四年に和辻が『思想』に書いた「アメリカの国民性」という論文を丸山は「あれはひどい。『思想』の恥ですね。強く見えるやつは意外に弱い、みたいなことでしょう」と酷評し、「和辻先生は、既成事実になったものを合理化するという人なのです」という。[27]

「古層」論は文献中心主義だと批判されたが、文献中心の歴史学を批判して民間伝承による「社会史」を日本で開拓した阿部謹也は、「つぎつぎになりゆくいきほひ」という丸山のキーワードが社会史的にも確認できるという。これは阿部の言葉でいうと、日本人が「世間」という小集団を単位として行動したことから出てくる意識である。ここでは単数の個人はもともと想定されておらず、人は人々であり、仲間である。[28]

古代の部族社会に「世間」がみられることはヨーロッパも共通だが、それが封建社会に再編される中で、ヨーロッパでは内戦が続き、「世間」が解体されて個人が信仰で結びついた。これに対して日本では徳川幕府が農民を土地にしばりつけ、内戦を防ぐために全国を約三百に分割して支配階級も細かく身分で分断した。ここでは「世間」を残したまま、表層の部分に制度が導入された。明治になって近代化にスムーズに適応できたのは、各藩の「家」を役所や企業の「一家」に置き換えたためだが、こうした擬似親族集団は属人的な評判を共有する狭い「世間」でしか維持できない。

他方、中世ヨーロッパでは、教会で罪を告白する「告解」が重要な役割を果たした。[29] 盗みや姦淫などの悪事ばかりではなく、異教の風習を守ることが罪とされ、それを告白して自分で贖う（献金や強制労働）ことが個人の義務とされた。このような古代から継承された土着の文化を破壊し、キリスト教が内面まで支配する〈個人〉をつくることが告解の目的だった。[30]

ヨーロッパ的な〈個人〉はキリスト教に支えられているので、そういう普遍的な宗教を排除した日本では、統一国家をつくることはできないはずだった。それが天皇という擬似的な絶対君主を使って明治憲法で形式的に統一した結果、政治と「世間」の二重構造ができた。そのためタコツボ的な「世間」の中では効率的に意思決定できるが、全体を統括するリーダーは空席のままだった。天皇はそういう空席を埋めて、国家権力と精神的権威を分離する「空虚な中心」だった。

第七章

まつりごとの構造

丸山の終生のテーマは天皇制だった。それは戦前の日本人にとっては圧倒的な権威であり、多くの兵士が天皇のために死んでいったが、単なる政治的な君主制ではない。「原型」や「古層」は、日本人の心に深く根ざした天皇制を理解するための概念装置だった。天皇という国家的な制度が思想だけで説明できるわけではないが、千五百年以上にわたって続く王家は、それを支える人々の意識と無関係ではありえない。

彼は宮中に取材した父（幹治）の影響で、昭和天皇が個人的にはリベラルであることを知っていたので、戦争が終わって多くの人が「天皇の戦争責任」を問題にしたとき、逆にリベラルな天皇が戦争を止められなかったのはなぜかと考えた。その原因は直接には当時の政治的状況にあったが、そういう「無責任の体系」が生まれたのはなぜか。それは天皇制を支えた政治への問いとなり、日本人とは何かという問いになった。

日本型デモクラシー

デモクラシーは近代国家の必要条件ではない。市民革命はデモクラシーによって起こされたのではなく、国王に対して貴族や納税者（有産階級）が起こした反乱だった。人口の圧倒的多数を占める一般大衆が、普通選挙で政治的意思決定に参加したのは二十世紀である。デモクラシーは国民を戦争に総動員する装置だったので、日本では江戸時代まで必要なかった。

天皇は「みこし」としてまつり上げられ、実質的な意思決定はみんなで相談して全員一致で行われた。そこで行われる決定は非公式の口約束で、文書化されない。摂政・関白も将軍も律令に書かれていない「令外の官」であり、政策も非公式の群臣会議で決まった。メンバーはずっと同じなので、あらためて文字にする必要がなかったのだ。丸山は、講義でこう述べた。

天皇は皇位継承者の決定や、開戦の可否等の重大決定は、大臣・大連の群臣会議に諮問し、その奏上の結果にしたがうのが通例であった。しかし、これは de facto に諮問したのであって、西欧の貴族王制のように、貴族と王との黙示的＝明示的契約によって、貴族の consent が王の行政権の法的要件であり、貴族が王の決定に veto の権利をもつ制度とは精神を異にしている。(1)

ヨーロッパでは戦争が日常化していたので国王と貴族の関係は流動的で、彼らの契約を法律の形で書く「法の支配」が必要だった。これは国家権力を法的に制限する制度なので、立法を行う議会が統治機構の中心になったが、天皇に実権のなかった日本では法の支配は必要ない。

天皇は絶対君主ではなく、アジア的専制君主でもない。明治以降は立憲君主制だが、それ以前は世界に類例のない名目的な君主だった。それを丸山は「日本型デモクラシー」と呼んだ。それは暴力的な権力と精神的な権威を分離することによって独裁者の出現を防ぐ洗練されたシステムともいえる。

江戸時代までは、日本の歴史に独裁者と呼べるような支配者は――織田信長などごく短期的な例外を除いて――いなかった。これは日本人が思っているほど当たり前ではなく、どこの社会でもアナーキーと独裁のどちらかに片寄る。その典型は、日本にもっとも身近な中国である。その社会の大部分は親族集団で動くアナーキーに近いが、〈国〉と呼ばれる皇帝と官僚など人口の一％以下の人々だけが独裁的に行動して治安を守る。

こういう分業は普遍的なもので、国民の安全を守ることはもっとも重要な公共サービスだから、国家を支配・被支配という図式でみることは必ずしも正しくない。西洋でも貴族は戦争になったら、真っ先に戦死する。彼らは平時には特権階級にみえるが、それは自分の生命をリスクにさらす義務の報酬ともいえる。

独裁は平和のコストと考えると、独裁者を出さなかった日本社会は、平和のコストが相対的に低かったと考えることができる。戦国時代には百年近く戦乱が続いたが、そういう民衆まで巻き込んだ大規模な戦争は例外であり、対外的な戦争は、ほぼ皆無だった。こういう社会では、すべての戦争は内戦であり、私的な決闘や仇討ちのようなものだ。

親の仇を討つというのは自然な感情だから、これが無限に続くと社会不安が発生する。そこで仇討ちを禁止する喧嘩両成敗のような「理非を問わないで仲よくせよ」というルールができた。このように集団の中で争いを避け、コンセンサスで問題を解決する倫理が、日本型デモクラシーである。そこでは全員が納得するまで問題は先送りされ、損する人のないように調整されるので独裁者は忌避され、名目的な君主が歓迎される。

「しらす」と「きこしめす」

こういう意思決定の構造を、丸山は一九六〇年代から講義で論じているが、それをまとめたのが、一九八五年に発表された論文「政事の構造」である。(2) この論文のキーワードは「まつりごと」だ。「政治」という言葉は明治以降で、それまでは「政事」だが、これをマツリゴトと読み、政事＝祭事だから、天皇が祭祀を主宰する祭政一致が「国体」だというのが通説的な理解である。

この解釈には疑問がある、と丸山はいう。古代に宗教的な祭事を表現した言葉は、イハヒゴトやイミゴトあるいはイツキゴトで、政治とは別である。マツリゴトという言葉が政事に関して使われるときは、祭事と分離されている。記紀では「まつる」の主語は天皇ではなく、その派遣したヤマトタケルやオホビコノミコトなどの皇子である。彼らは天皇に職務を委任されて奉仕する（まつる）というのが本居宣長の指摘である。丸山はこの説を踏襲するが、「まつる」の原義は「奉仕する」ではなく「献上する」だという。

くわしい語源学的な議論は省略するが、重要な違いは「まつる」の主語が天皇ではなく臣下だということである。ここでは「まつられる」だけで実質的な政治を行わない天皇と、それをまつり上げて実務的な意思決定を行う臣下の「二重統治」が行われる。

臣下が「まつる」ことに対応する天皇の行動は「しらす」とか「きこしめす」といった言葉で語られる。これは「知る」とか「聞く」の尊敬語で、ここでは天皇は国家を支配するのではなく、天下の出来事を知り、聞く受動的な存在である。

このように正統性の源泉と意思決定する主体の分化した構造は、古くは『魏志倭人伝』の伝える卑弥呼にもみられ、律令制度のもとでも摂政・関白などの「令外の官」が実質的な権力者となり、武士が実権を握ってからも天皇に委任された「将軍」という形式をとった。その実務はさらに執権や老中などに委任され、責任と意思決定が一致しない構造がさまざまなレベルに見られる。

同様の構造は、私的な集団にもみられる。丸山のあげている例でいえば、本願寺の法主と執事、財閥の三井家と番頭、そして現代の日本企業でいえば株主と経営者の関係がその典型だろう。そこでは株主は形式的には最高権力をもっているにもかかわらず、実質的な意思決定は役員会で行われ、従業員共同体を守ることが最高の使命とされる。

なぜこのような特殊な構造が千五百年以上も続いているのかについては丸山は何も語っていないが、国家権力と象徴的権威の分離が平和の維持に役立ったことは間違いない。意思決定の主体が変わっても正統性の源泉がつねに天皇にある構造のもとでは、権力と権威と財力を集中的にもつ勢力が国家を転覆する「革命」は成功しない。つまり日本社会に遍在するボトムアップの民主的な構造は、権力を分散して互いに牽制させ、責任を曖昧にして現状を維持する「平和のテクノロジー」なのだ。

そしてこの構造は、平和によって生み出される。戦争においては君主は「主権者」として決断を迫られるが、平時においては君主が決めるべきことは少なくなり、臣下に委任できる。摂政・関白は最初は臨時の職だったが、そのうち常設され、さらにその職務権限はその部下に委任される。このようにして平和がボトムアップの構造を生み、それが革命を困難にして平和を維持したのが「まつりごと」の構造だった。

若いころ天皇制に象徴される「無責任の体系」を指弾した丸山は、のちにそれを日本の一つの伝統として理解するようになった。その結論は「政事の構造」の最後に、単純明快な形で要約される。

政事が上級者への奉仕の献上事《まつりごと》を意味する、ということは、政事がいわば下から上への方向で定義されている、ということでもあります。これは西洋や中国の場合と、ちょうど反対と言えます。ガヴァンメントとか、ルーラー（支配者）とかいうコトバは当然のことながら、上から下への方向性をもった表現です。［中略］ところが、日本では「政事」はまつる＝献上する事柄として臣のレヴェルにあり、臣や卿が行う献上事を君が「きこしめす」

＝受けとる、という関係にあります。[3]

天皇は、このようなボトムアップの意思決定を事後的に正当化する記号だった。このような「日本型デモクラシー」がうまく機能する条件は限られている。よほど小さな集団の中か、それとも大きな社会の中でもタコツボ型に仕切られた構造が必要だ。それが近代戦を戦うのは構造的に不可能だが、戦前の日本は不可能なことをやってしまったのだ。

集中排除の精神

「政事の構造」の文献学的な議論の背後には、丸山の現代的な問題意識があった。彼は一九八〇年代の対談集で、その意図を率直に語っている。彼は「超国家主義」論文では「無責任の体系」を戦争中の病理現象と考えたが、「近ごろ自己批判している」という。日本の意思決定のゆがみは「もっと根が深い」[4]。その原因を古代にさかのぼって探究することが彼のテーマだった。

戦争と疫病の続いたヨーロッパでは、人々はつねに死に直面し、「人生に意味はあるのか」とか「神は存在するのか」と考えた。彼らの暮らしていた共同体が崩壊すると、ばらばらの個人が何に依拠して生きるのか、という問題を考えざるをえなかった。それに対して平和だった日本では、全体を統治する絶対権力者も一神教も定着せず、天皇の権力は将軍に、将軍の権力は老中に……というように分散し、ボトムアップの「現場主義」で意思決定が行われる。

古代から受け継がれる「中心のない国」は、初期に丸山が「特殊主義」と呼んだような特殊な構造ではない。その単位となったのは、文化人類学が明らかにしたように未開民族では普遍的にみられる氏族（親族集団）である。普通はこうした部族社会の間に戦争が起こり、強い武力をもつ集団が弱い集団を飲み込んで「自然国家」を形成する。[5] これが極大化したのが中国であり、主権国家という形で併存したのがヨーロッパだが、日本社会はそのどちらでもない。

それを支えている原理を考える上で参考になるのは、徳川幕府とほぼ同じ一六四八年にウェストファリア条約で神聖ローマ帝国を約三百の国家に分割したドイツである。これも「主権国家」とは名ばかりで、実際には封建領主の土地に国境を引いただけだった。軍も税も法律も別々にもっていた点では独立国といえるが、その意味では日本の大名も独立国だった、と丸山は指摘している。

しかしその後の歴史はまったく異なる。神聖ローマ帝国の支配権が失われると、領邦どうしの内戦やオスマン帝国などとの戦争は激化したが、次第にプロイセンがドイツの大部分を支配下に収め、ようやく一八四九年に「ドイツ帝国」が成立してプロイセン王が皇帝に選出され、ビスマルクが統一国家を建設する。

他方、日本ではこの時期に戦争はまったく起こらず、海外からの脅威が顕在化したのは一八五三年のペリーの来航だった。三百に分断された国家は二百七十に減ったが、内戦も起こらなかった。この「徳川の平和」を維持したのは、丸山のいう「集中排除の精神」だった。彼によると、これは福沢諭吉の発想だという。

福沢が明治一〇年代になってそういうことを言い出すのは、天皇制になって全部の価値が官員様に集中しちゃった。官員様になれば、「権力価値」「富価値」「尊敬価値」。すると猫も杓子も彼が嫌いな官員様になりたがる。(6)

各藩の支配者は軍人(武士)なので戦争は起こりやすいが、逆にいうと文官と武官が一致しているので、大名を抑えれば武装反乱は防げる。そのために徳川幕府は江戸屋敷によって大名やその家族を人質にとり、徹底的に監視した。彼らが武装反乱の財源をもたないように参勤交代などで浪費させ、一七〇〇年以降は新たに検地も行われなかったため、武士は困窮した。富は納税義務のない商人に集中したが、彼らは武力をもてないので戦争は起こらなかった。このように権力と富の集中を排除した結果、平和は守れたが経済は停滞した。

協賛から翼賛へ

古来の天皇制が「下から上へ」の意思決定だとすると、明治憲法の天皇大権はそれとはなじまない。(7) これはプロイセンの憲法を輸入したものだが、国の成り立ちはまったく違う。宗教戦争の続くドイツでは、平和を保つのは教会の役割だった。一五三〇年のアウグスブルクの和議では「領主がその領邦の宗派を決める」とされ、異なる宗派の信徒は別の領邦に行くしかなかった。

この結果、国内がカトリックとルター派などにわかれたが、最初は少数だったルター派が多くの領主を味方につけて主導権を握った。これは教権と俗権が並立する状況から、俗権が次第に力を増し、教権を支配下に置いて一元支配したためだ。ルターは信仰を個人の内面の問題とし、教会を国家から切り離した。

そうなると、個人の内面を教会が支配しなければならない。キリスト教の教義は人々が昔からもっていたゲルマン民族の風習とは違うので、それを禁止してキリスト教の倫理を徹底する必要があった。これに対して日本では、もともと人々が濃密に「古層」を共有している上に共同体の自律性が強いので、ローカルな平和を守るために強いリーダーを許さない。

ところが明治維新ではそういう「まつりごと」の構造が壊され、プロイセン国王をまねた天皇がすべてを統括することになった。明治憲法の第五条は、枢密院に提出された原案では「天皇は帝国議会の承認を経て立法権を施行す」だったのを、文部大臣だった森有礼の反対で「天皇は帝国議会の協賛を以て立法権を行ふ」に変更された。

「協賛」から「翼賛」までは一歩の差だ、と丸山はいう。「大政翼賛会になると、議会はもはや審議権はなくなるんですよ。諮問機関になっちゃう」。武家の原型になった「家」は自然生長的な親族集団であり、その中では「満場一致」だが、これによって近代国家を指導することはできない。政治の本質は暴力なので、それをいかにコントロールするかがもっとも重要な問題である。

政治という領域は、極限状態においては殺すということを予想しているわけです。大部分の政治はそれなんだ。暴力的対立を前提にしてるんです。〔中略〕紛争それ自体を悪いことだとする考え方が、日本人の国民性かというと、もともとそうじゃないんですよ。むしろ、こっちのほうこそ、幕藩制から明治天皇に至る間にできた負の遺産なんです。(8)

平和主義の元祖と思われている丸山が紛争を重視するようになったのは一九六〇年代後半であり、武士への評価が高くなったのもそのころである。そこには「超国家主義の論理と心理」の時期にはネガティブな要因としてとらえていた戦争を、歴史をリセットする要因として再評価する心境の変化があったのかもしれない。

天皇制という「日本教」

ボトムアップの「まつりごと」の構造は、明治憲法とは逆である。それは天皇がトップダウンで統治する憲法だが、最高の大権をもつ天皇を拘束するのは憲法発布のときの「国家統治の大権は朕が之を祖宗に承けて之を子孫に伝ふる所なり」という明治天皇の言葉だった。つまり天皇を拘束するのは、万世一系の天皇家の時間的な連続性なのだ。丸山は、このような天皇制の権威の特殊な構造を、次のように幾何学的に表現している。

> 天皇を中心とし、それからのさまざまの距離に於て万民が翼賛するという事態を一つの同心円で表現するならば、その中心は点ではなくして実はこれを垂直に貫く一つの縦軸にほかならぬ。そうして中心からの価値の無限の流出は、縦軸の無限性（天壌無窮の皇運）によって担保されているのである。[9]

津田左右吉は戦前に「皇室は国民的精神の象徴、または国民的結合の象徴」だと書いた。[10]彼は著書で記紀神話が史実ではなく「説話」であると書いて出版法違反で起訴されたが、その公判で自説をていねいに説明している。たいていの王権の正統性は戦争で全国を征服したという形で語られるのに対して、記紀にはそういう記述が（神武東征を除いて）ほとんどない。このような意味で津田は、皇室は征服王朝ではなく、国民的精神の象徴であると戦前に書いた。

つまり天皇を拘束するのは、主権者たる国民が議会で制定した憲法ではなく、悠久の時間の中で「なりゆく」時間の重みなのだ。戦後も丸山は、新憲法が天皇を象徴と規定したことは（意味はやや違うが）適切だ、と書いている。このような王権は世界的にみても、きわめて珍しい。天皇は西洋的な君主よりローマ教皇に近いので、武士が権力をもっても文化的な伝統をになうのは天皇だったから、征夷大将軍に任命されるという形で権威を付与する必要があった。逆にいうと文化的な意味しかないので、天皇家を倒す必要はなかった。

ここには丸山の指摘した日本の伝統的な意思決定がある。人々の上にいるのは「君臨すれども統治しない」指導者であり、その権威は昔から続いているという既成事実のみに依存している。ここがキリスト教という教義で権威を支えている教皇との違いである。

憲法の本来の意味は「国制」だから、それが法律である必要はない。イギリスにコモンローがあっても憲法がないように、日本には万世一系の天皇という国制があると考えれば、この古代以来の「この国のかたち」は、今も受け継がれている。それを山本七平は「日本教」と呼んだ。[11] ユダヤ教に代表される一神教では神が唯一の実体で、人間には何の権限もないが、天皇制では君主がまつり上げられ、権力の実体は摂政・関白や将軍にある。

この奇妙な二重構造は近世以降、儒学の影響を受けた知識人には耐えられない欺瞞と映った。特に山崎闇斎の弟子だった浅見絅斎は、天皇こそが唯一の君主であり、将軍はその地位を簒奪するものだと考えた。[12] これは水戸学経由で長州に継承されて尊王攘夷の思想になったが、もともと政治的には不可能な思想だったので、明治政府は政権をとると攘夷思想を捨てた。山本は平和憲法も同じような運命をたどっていると考え、「軍備撤廃を主張している政党もありますが、もしこの政党が政権をとったら、攘夷論者が政権をとったときと同じことが起ります」と予言した。[13] 彼の予言どおり、一九九四年に政権をとった社会党は自衛隊も安保も認め、「非武装中立」が無意味であることを認めた。

ユダヤ教や尊王攘夷は、指導者のもとに意思決定を一元化する戦争の思想だが、精神的な権威を権力と分離する天皇制は、戦争を避けて仲よくする思想である。このように多くの大名家が「国家」としてゆるやかに連合し、そのうちどの家にも全体を支配させない構造は、平和な時代の長かった日本でのみ維持できるものだった。丸山が闘った「古層」は、山本が「日本教」と呼んだ正体不明の伝統とほとんど同じものだったように思われる。

第八章

武士のエートス

丸山が「古層」と名づけた意識が歴史的に実在したかどうかは疑問だが、彼は既成事実に弱い日本人の暗黙知を「古層」と名づけることによって意識化し、それを克服しようとした。その手がかりとして後期の彼が注目したのは武士だった。武士は世界的にみても日本に独特の支配構造で、これだけ長く軍事政権の続いた国は類をみない。

「武士道」というのは明治時代に新渡戸稲造がつくった言葉で、そういう武士の行動規範があったわけではない。丸山も「武士道」という言葉は使わず、武士のエートスと呼んだ。初期には武士の学問を対象としていた研究対象が主従関係や法体系などに広がり、そこに彼は「古層」を超える個人主義を見出すようになった。

忠誠と反逆

丸山が武士を肯定的に評価するようになったのは、一九六〇年の長編論文「忠誠と反逆」である。「古層」的な思考様式は農耕社会には広くみられ、それを統治する領主や武装集団もヨーロッパの封建社会に広くみられた。日本に特徴的なのは、武士という武装集団が在地領主になり、一種の軍事政権がながく続いたことだ。ローカルな部族社会が衝突したとき、それを分解して宗教的な原理で統一するのではなく、私的な忠誠が普遍的な道理と分離しないまま、部族社会の連合としてクニができた。それを支配するのは、親族集団であるイエを拡大した私的な規範だった。

封建的主従関係の原初的な性格は、武士の「文治的」家産官僚への転化にもかかわらず最後まで保持されて、〔中略〕そのエートスの「合理化」を制約した。その意味で、わが国における「封建的忠誠」といわれるものの基本的なパターンは、非合理的な主従のちぎりに基づく団結と、「義を以つて合する」君臣関係と、この二つの必ずしも一致しない系譜が〔中略〕化合したところに形成されたものである。[1]

ローカルな価値を超えた絶対的な信念の体系をもたない日本では、こうした武士の規範は戦時の緊張によってのみ支えられるもので、平和が続くと主君べったりになり、規範意識が崩壊して形式的な官僚主義に堕してしまう。それに対する反逆の契機になるのは、武装集団の合理的な規範としての「道理」なのだが、それはついに大きな力をもちえなかった。

日本の歴史上、ほとんど唯一の内発的な「革命」といえる明治維新でさえ、「天皇への忠誠」という擬制によって初めて可能だった。そして下級武士という「中間集団」の不満を動力とした明治維新の反逆のエネルギーは、武士の没落によって失われてしまう。敗戦という外発的な「革命」で実現した戦後民主主義には、それをになう階層が最初から欠けていた。

ここでいうエートスは、ウェーバーの『プロテスタンティズムの倫理と資本主義の精神』で近代社会を生んだとされた倫理であり、そういう主観的な側面を重視する丸山の思想は、戦前の論文から一貫している。彼は武士の中にプロテスタンティズムに似た個人主義の萌芽をみたのだが、それはやや強引であり、個人主義という評価はのちに薄れてゆく。

失われたコモンロー

武士のエートスは他の政治思想とは異なり、ほとんど外来思想の影響を受けなかったので、位置づけがむずかしい。彼が最初にそれを講義した一九六五年の講義録では、毎年あった「原型」についての講義がなく、序論のあとすぐ「武士のエートスとその展開」が始まる。

律令制は唐の官制をまねたものだったが、武士は日本独特の制度だった。それはヨーロッパの騎士に似ているが、アジアでは日本だけだった。武士は中央集権の儒教文化圏では例外的で、「古層」から出てそれを超える思想の変化をもたらしたオリジナルなものだった。これに丸山が半年の講義をほとんどすべて費やしたのは、そこに日本人が「古層」を乗り超える可能性を見たからかもしれない。

丸山が特に高く評価したのは、貞永式目（関東御成敗式目）である。それは一二三二年につくられ、一二二五年のマグナ・カルタとほぼ同時期だったが、貞永式目を起草したのは武蔵守・北条泰時であり、現代でいえば東京都知事が議会の議決も経ないで決めた個人的ルール集である。それが権威をもったのは、武家社会に定着していた慣習法を明文化したからだ。

貞永式目制定期は、驚くほど、この市民法的考え方によって全体の法思想が浸透されていた時代であった。そこには法の精神の水平的構造が存在した。鎌倉時代の訴訟制度、とくに所領関係の訴訟（所務沙汰）と裁判手続きは「権利保護の方面において、日本法制史上他に比類を見ないほどの発達を示して居る」といわれる。(2)

泰時もいうように、難解な漢文で書かれた律令制度を知る者は「千人万人中にひとりだにもありがたく」空文化していたが、教養のない武士でも読める平易な文章で書かれた貞永式目は、実用的な紛争解決のルールブックとして機能したのだ。これを日本における法の支配として高く評価する点で、山本七平と丸山の意見は一致している。(3)

山本は、貞永式目の発想は北条泰時の深く帰依した明恵の影響だとしている。明恵は高山寺の僧侶で、今ではあまり知られていないが、汎神論的な自然法思想をもち、社会秩序も生命のような自生的秩序と見ていた。泰時は明恵の影響を受けて、当時の武士の社会に受け継がれていたコモンローを五一ヶ条の法典として編集したのだという。

特に注目されるのは、土地の所有権を規定して所領をめぐる争いを解決する基準を示していることだ。もちろんこれは現代のような個人の所有権ではないが、土地が誰に所属するか決める民事訴訟の手続きまで定めた法典は、当時としては世界で初めてだった。相続についても明示的なルールを定め、世界で初めて女性の相続権を認めている。

しかし貞永式目は、イギリスのコモンローのように社会全体に共有される規範にはならなかった。その原因を丸山は「鎌倉幕府が解体して下克上的なカオスが広がり、戦国大名の武力支配の中で法的な規範意識が失われた」と説明した。(4) 貞永式目そのものは武家の基本法として江戸時代まで残るが、幕藩体制のもとでは各藩のローカルな支配権が強いため、地域を超える普遍的な規範意識が育たなかった。

そして法律がこうした特殊主義的な価値を超えられないまま、自然法的な秩序とまったく無関係な西洋の大陸法が明治時代に輸入され、日常生活と法のギャップが非常に大きくなった。その結果、意見の違いを調停する実用的なルールがないため、現実のガバナンスには貞永式目以前の「古層」的なしくみが残り、村の寄り合いのような全員一致で意思決定が行われる。

日本がコモンローの原型となる法を独自につくりながら、なぜそれが失われたのだろうか。最大の原因は戦国時代に法秩序が破壊されたことだが、それを終わらせた徳川家康も全国を統一しなかった。これは徳川家にそれだけの軍事力がなかったことも大きいが、それに挑戦するまとまった勢力がなかったこと、そして何より対外的な戦争がなかったことが決定的な要因だろう。
国内の治安を守るために、徳川幕府は全国を三百の藩に分割し、徳川家に対抗できないようにした。各藩はそれぞれ別の法律で統治され、税金も各藩で徴収した。全国的な法としては武家諸法度があったが、これは訓示規定のようなもので、具体的な刑事・民事の紛争解決は藩ごとの分国法で行われた。
貞永式目は日本の伝統的な意思決定である「満場一致」ではなく、紛争を前提にして司法的に解決するしくみだった。丸山はこれと比較して「和」の伝統を批判する。

日本は非常に危険な国です。「和」の名において、実は強制が行なわれる。そういう危険のほうが、より大きいと僕は思うんだ。だから、まず「紛争」というのを間に置けば、その点は大丈夫なわけです。そうではなく、「統合」から出発しちゃうと、紛争それ自体がいけないんだという、幕藩体制から儒教なんかが大いに要請した秩序本位の考え方のほうに行っちゃう。(5)

丸山は、こういう日本的な平和主義がファシズムの温床だったという。明治憲法では「天皇は帝国議会の協賛を以て立法権を行ふ」となっているが、これは草案では「承認」だった。それを協賛としたことで議会の意味はなくなり、「翼賛までは一歩の差」だったという。みんながボトムアップの「空気」で決め、少数派を排除する日本は「危険な国」なのだ。

「超国家主義の論理と心理」とは逆に、ここで彼が日本の失敗の原因として指摘しているのは天皇に象徴される「古層」ではなく、江戸時代の平和主義である。軍部の暴走をもたらしたのは、皮肉なことに紛争を避けて満場一致を求める「和」の精神だったのだ。

戦国時代の「凍結」

戦国時代までの流動的な社会では、紛争は暴力で決着をつけた。それを徳川幕府が統一し、武家の連合政権として秩序を「凍結」した。ここでは一人でも異をとなえると何も決まらないので、紛争を抑圧するために同調圧力が強まる。

日本人はこういう意思決定が昔からあったと思いがちだが、丸山の指摘するように、貞永式目のころの武士は、紛争を前提に制度設計を行い、幕府がその紛争処理を行った。しかも執権の北条泰時など十二人の名前が書かれ、彼らもこの法律に従うと書いている。つまり法の支配が明記されているのだ。

そして原告に対して被告は三問三答の弁明ができ、これに裁判官（評定所）が集団で判決を下すが、この発言順も抽選で決める。身分の上の者が最初に発言すると、その下の者が発言しにくくなるからだ。弁護人はないが、裁判官忌避の制度はある。ヨーロッパの近代法によく似ている。

初期の大名（在地領主）にとっては、自分の支配している所領を幕府が「安堵」するだけで、本源的な所有権は大名にある。これはヨーロッパの封建制（社団国家）に近いが、江戸時代になると幕府と大名の関係が固定され、転封（国替え）されるようになる。後期水戸学の藤田東湖は、これを「鉢植えの大名」と呼んだが、大名には在地性がなくなり、幕府の命令で転勤するサラリーマンになったわけだ。

こうした変化が武士の倫理にも影響し、紛争をきらう意識が強くなる。福沢諭吉がcompetitionを「競争」と訳したとき、幕府の役人が「争」の字はおだやかではないので消せと命じたのは、有名な逸話である。本来は軍人だった武士がサラリーマン化し、争うこと自体を悪いと思うようになったのだ。

教科書的な歴史では、豊臣秀吉の刀狩りで兵農分離が行われ、幕藩体制は身分社会だったと教わるが、現実はその原則どおりではなかった。そもそも二百五十年以上も戦争がなかったのだから、軍人が人口の一割近くいても仕事がない。

しかも徳川家が全国統一に失敗したので、徴税制度に致命的な欠陥があった。課税対象が農業だけの物納なので、一七〇〇年ごろには土地の開墾も限界に達し、税収が増えなくなった。「五公五民」で農民の負担が大きかったので、それ以上税率を上げようとすると一揆が起こり、各藩の財政は窮乏化した。十八世紀以降、成長したのは商業や工業だったので、そういう分野に課税すればよかったのだが、冥加金のようなアドホックな形でしか課税できなかったため、「士農工商」の身分とは逆に、所得は商人が最高だった。
このように権力と資金を分散させて秩序を維持する「集中排除の精神」は、平和とともに停滞をもたらしたが、こういう極端に硬直化した制度も、各藩がばらばらで変えられない。徳川幕府も何度か「改革」をやったが、みんな中途半端に終わった。

「天下泰平」を支えた軍事政権

江戸時代の最大の特徴は、その長い平和である。同時代人がその社会を表現する言葉として、もっとも頻繁に使ったのが「天下泰平」という言葉だった。もう一つの特徴は、徳川幕府が一種の軍事政権だったことだ。形式的には天皇から授けられた「征夷大将軍」という官位で支配することになっていたが、現実に徳川家の権力を支えたのは、彼らの武力と経済力の大きさだった。丸山は講義でこう述べている。

徳川時代の世界史的な逆説は、爪の先まで武装したこの体制の下において、二世紀半以上にわたって「天下泰平」の安定性が維持されたことである。高度に発達した文明の段階において、「閉じた社会」の人為的造出がこれほどすみずみまで計画され、しかもこれほど長期的に成功した例は稀である。[6]

中国では「よい鉄は釘にならず、よい人は兵にならない」といわれるように軍人は蔑視され、「文民統制」が古代からの伝統である。律令制はそれを輸入したものだが、武士は世界に類をみない軍事政権だった。それは「貴族」になって在地領主としての力を失うことなく、七百年以上続いた。

今でも発展途上国では軍事政権は珍しくないが、長期政権になることはまずない。軍政を支えるのは暴力なので、それより大きな暴力をもつ軍人が出てくると倒れるからだ。ところが徳川幕府は、軍政で長い平和を守った。それが成功したのは、幕府の「巧妙な統治技術」によるところが大きいと丸山はいう。そのポイントは「現実的・可能的敵対勢力をすべて無力化」することだった。その制度設計を彼は次の四つに整理する。(7)

イ　朝廷および公家の徹底的な非政治化
ロ　社寺の領主化と自己武装化をチェックし、行政の末端に組み入れる
ハ　都市・商工勢力を城下町に集中して幕府・大名への寄生的存在とする
ニ　大名の統制（改易・転封・参勤交代など）

この中でもっとも重要なのは、かつて徳川家のライバルだった大名を支配下に置くことだ。かといってそれをすべて直轄統治とする絶対権力は徳川家にはなかったので、幕府は諸大名の

「同輩中の首席」にすぎなかった。各大名は独自の軍事力と立法権と徴税権をもち、所領を支配する。それは所領を安堵する幕府の「御恩」による支配であり、徳川家は大名を支配する絶対君主ではない。

このように戦国時代の「総動員体制を日常化」し、大名の領主としての権力で全国を間接支配しながら、彼らの暴力が幕府に向かわないようにするため、幕藩体制の「たぐいまれな統治技術」が動員された。大名を土地に定着させないため、改易（とりつぶし）や転封が頻繁に行われたため、大名は在地領主としての力を失った。

合理的官僚としての武士

こうした異例の制度の組み合わせが長期にわたって持続した原因は、当時の日本が「閉じた社会」だったことだ、と丸山はいう。江戸時代は「鎖国」で海外から隔離され[8]、全国を約三百の藩にわけて武士や農民を土地に縛りつけ、各藩は一六〇〇年ごろの境界で固定された。武士の身分も細分化されたので、武装反乱も起こりにくい。このような丸山のイメージは、現在の歴史学でもおおむね確認されている[9]。

これは内戦を防ぐ制度としては巧妙にできていたが、対外的な戦争には対応できないので、同時代のヨーロッパでは維持できなかっただろう。「開かれた社会」では人が国境を越えて自由に移動するので、その国境の中で秩序を守っても平和は維持できない。

丸山はこのような幕藩体制の原理を「固定化による安定」と評している。幕末に来日したイギリスの外交官、アーネスト・サトウは幕藩体制を「政治的停滞が安定と取り違えられている」と評したが、丸山は「これをとりちがえというならば、実は少くも初期には意識的なとりちがえなのである」[10]とコメントした。

このような平和と安定が日本の近代化の基盤になったという見方は、フランシス・フクヤマも述べている。[11]その倫理は中国から輸入された儒学であり、君主を形骸化して権力を制限するシステムを世界でもっとも早くつくったのも日本だった。フクヤマは江戸時代の各藩の法制度や徴税制度が、同時代のヨーロッパに比べても非人格的で公平だったと指摘し、その原因を武士という官僚機構の合理性に求めている。

すべての政治システムは私的利害によって腐敗するもので、それが近代社会の最大の問題だが、日本の武士は平時には「文治官僚」になり、相対的には清潔で優秀だった。丸山は、その原因は武士を支える集団が中国のような大規模な宗族（擬似親族集団）ではなく、ローカルな小家族だったからだという。

大家族を扶養していると、うんと儲けて、その宗族を扶養しなければいけない。そこから、非常に大規模な政治的腐敗が生まれてくる。朝鮮でも中国でもそうです。ところが、日本では小家族だから、日本の侍から官僚制にいたるまで比較的清潔なんです。もっともそれ

は、日本人の道徳が必ずしも高いからじゃなくて、そんなに賄賂を取る必要がないんですよ。(12)

中国では古代の大家族が崩壊して人口が流動化し、十一世紀以降は地域を越えて移動するようになった。中国はある意味では世界最初に個人が自立したのだが、このように大規模な人口をまとめるには、自然発生的な親族集団を超える宗族が必要だった。これは地域を越えて姓の同じ人々の集まる外婚制の集団で、数万人規模だった。

実際には宗族に血縁関係はほとんどなかったが、それをまとめたのは科挙に合格する秀才だった。賢い子には一族で援助するので、彼が官僚になると一族を養わなければならない。このように腐敗が制度化されているのが科挙の欠陥だった。

これに対して日本の武士は、小さな家を出ないで一生を過ごすので、名(一族の中の評判)を大事にし、家の名誉を守るために命を捨てる。家と個人の関係は長期的関係で固定されているので、賄賂をとると切腹を命じられて「お家断絶」になる。このような「名を惜しむ」倫理が武士のエートスだった。武士は合法的支配を行うウェーバー的な官僚とは違うが、私的な利害を離れて前例を踏襲する、世界でもまれに見る合理的で清潔な官僚機構になった。

近代国家の一つの条件が官僚機構だとすると、日本が短期間に近代化できた一つの原因は、丸山もいうように安定した官僚機構だろう。同時期の中国では統一国家が崩壊し、国内が軍閥に割拠されたが、日本では官僚機構が軍と一体化していたので、国内秩序を保つことができた。

ただこのように徳川家が戦国時代のダイナミズムを凍結したことは、経済の停滞をもたらし、軍事力が大きく立ち後れる原因になった。幕府が各藩の鉄砲製造を禁止して天下泰平を維持した十七世紀以降に、ヨーロッパでは戦争に次ぐ戦争の中から近代国家が生まれ、重火器が飛躍的に発達する「軍事革命」が起こり、ヨーロッパ列強は世界を支配した。幕末に彼らが極東までやってきて日本が西洋と再会したとき、両者には圧倒的な差がついていた。

儒学の正統と異端

戦国時代を凍結した徳川家は、国家としての正統性を欠くという弱点を抱えていた。むき出しの暴力だけでは、秩序は維持できないので、それを正統化するイデオロギーが必要である。ヨーロッパの君主はローマ教皇の権威によって正統性を維持したが、徳川家はキリスト教のようなイデオロギーをもっていなかったので儒教が使われた。儒教の歴史は書かれた日本の歴史と同時に始まるほど古いが、その学問的内容（儒学）が政治に影響を与えるようになったのは近世以降である。それは天皇家の神話とは別の正統性が、武士に必要だったからだ。この問題は特に徳川家にとって重要だったが、儒学の正統性は徳川家の求めるものとはずれていた。当初は「公儀」の権威を飾る学問として奨励された儒学は、次第に独自の「日本化」を遂げる。

そもそも徳川家のような「武断政治」は、儒学で禁じられている。そこで皇帝を正統化するのは「天命」にもとづく「道」であり、天皇から政治の実権を簒奪した政権に正統性はない。私的な権力を意味する「幕府」という言葉が使われるようになったのも儒学の影響で、徳川家がそう自称したわけではない。

このような正統性の問題を論じたのが、一九八〇年の「闇斎学と闇斎学派」である。彼はここで「正統」という漢語がorthodoxyとlegitimacyの二つの言葉の訳語であることに注意をうながす。前者は教義上の正統性、後者は政治的な合法性だが、これに彼はそれぞれ「O正統」と「L正統」という奇妙な名前をつけた。

この二つは中国でも日本でも区別されないが、西洋では教会と国家として明確に分離されている。キリスト教では普遍的真理としてのO正統と政治権力としてのL正統は別だが、儒学ではL正統の理論武装としてO正統が使われる。日本にはどっちもなかったので、儒学のO正統を使って天皇制のL正統を正当化する日本的儒学ができた。

朱子学を文字通り解釈すると、中国の皇帝以外に正統性はないので、孔子が日本に攻めてきたら、日本人はそれに従うしかない。このパラドックスを避けるために、山崎闇斎は天皇家に独自の正統性があると考え、天照大神を根拠とする「垂加神道」を提唱したが、これは弟子にとっては朱子学からの大きな逸脱だったので論争が起こった。

この論文は晦渋で論旨も明快ではないが、最後に出てくる丸山の問題意識は明確である。彼の議論は「神勅的正統性にとって「肇国以来」の大事件となったのは、いうまでもなく日本帝国がポツダム宣言の無条件受諾によって第二次大戦を終結させたことであった」と戦後に飛躍する。

> ポツダム宣言の解釈をめぐって御前会議を真っ二つに割り、その受諾を遅延させた最大の争点は周知のように「国体の護持」にあった。日本国民の将来の政治形態は国民の自由な選択に委ねられるという命題は、選択の事実上の結果の問題としてでなく、正統根拠の問題として見るかぎり、万世一系の天皇が統治の総攬者であることが「神勅」によって先天的かつ永遠に決定されているという建て前とは所詮相容れない。[13]

権力の正統性は暴力だけでは維持できないので、それを正統化するイデオロギーが必要だが、この点で徳川家には致命的な弱点があった。闇斎学派の内部抗争の原因となったのも、徳川家の支配に正統性があるのかどうかをめぐる論争だった。その弟子は朱子学に対して天皇家の正統性を根拠づける論理を展開し、徳川家の正統性を否定した。ここでは儒学の普遍主義が天皇家という「日本的特殊主義」になり、儒学のO正統は明治以降の日本では天皇制というL正統に化けてしまった。

山本七平も『現人神の創作者たち』で闇斎学派を扱い、その内容もよく似ている。山本はほとんど丸山を参照していないが、[14]全体の論旨から考えると、丸山からかなり影響を受けていると思われる。山本が追究したのは、日本軍の狂気をもたらした「現人神」信仰はどこから来たのかという問題だった。天皇が現人神だという信仰は、古来の伝統にはない。その「創作者」と名指しされるのは、浅見絅斎の『靖献遺言』という本である。これは勤王の志士の必読書だったという。

絅斎は山崎闇斎の弟子であり、丸山の「闇斎学」論文の主要な登場人物である。丸山は正統性を「O正統」と「L正統」にわけたが、山本はむしろ両者が混同されているところに日本の朱子学の特徴があるという。闇斎学派では派閥抗争が続き、絅斎や佐藤直方など主要な弟子はすべて破門され、闇斎学派は解体してしまう。その中で、みずからの立場と重ね合わせて彼らが論じたのは「徳川幕府に正統性はあるのか」という問題だった。

本来の朱子学では、中国の皇帝以外はすべて夷狄なので日本の国家に正統性はないが、闇斎は日本でも正統的な国家権力はあるとした。むしろ朱子学のように権力を簒奪した王朝に正統性がないというのは矛盾している。秦以外のすべての王朝は先王の権力を簒奪して樹立されたのだから、正統性はない。

この論理を敷衍すると、日本でも天皇の権力を簒奪して成立した武家政権には正統性がない、という結論が出てくる。闇斎はその含意を明言しなかったが、絅斎はそれを『靖献遺言』で詳細に展開した。それは国学に継承されて平田篤胤の国粋主義になり、後期水戸学に継承されて「徳川幕府は非合法である」という南朝史観が生まれた。これらが政治思想に転化したのが尊王攘夷だった。

この意味で明治維新は、ローカルな共同体を超える普遍的な理念が多くの人々を動かし、政権を転覆した日本の歴史上唯一の事件だった。それを可能にしたのは朱子学という輸入思想ではなく「大政を天皇家に奉還する」という名分意識だった。難解な尊王攘夷のイデオロギーが実際に勤王の志士に共有されていたかどうかは疑問だが、少なくとも徳川家の支配を正統化する根拠がないことは明白だった。

徳川家と同じく、新憲法にも正統性がない。それはアメリカに与えられた憲法であり、主権者たる国民が制定したという民主的正統性をもたないからだ。その正統性を自民党は「自主憲法」で回復しようとしたが、丸山は人民主権を守ろうとした。自民党の論理はわかりやすいが、占領軍の起草した憲法を「新たな正統」として守る丸山の論理は成り立たない。

そして今では、誰も憲法の正統性という問題を意識しなくなった。それは既成事実として存在しているからだ。丸山もいうように「敗戦の破局から新憲法制定にいたる疾風怒濤の短い期間にわずかに波間に浮び上がったこの問いは、政治の「常態」化と経済の「成長」とともに、ふたたびその姿を没したかに見える」[15]。

武士道は死ぬ事と見附けたり

丸山の講義録で意外なのは、『葉隠』を高く評価していることである。有名な「武士道といふことは、即ち死ぬ事と見附けたり」という言葉が「死の美学」として軍部に利用され、それを三島由紀夫が賞賛したこともよく知られているが、丸山の文献考証は三島のような主観的な読み込みではない。

『葉隠』の顕著な思想的特質は、もっとも閉鎖的な particularism をつきつめたところに、それを突破して新しい地平線をのぞかせている点にある。釈迦も孔子も鍋島家に奉公してない以上は無用であると言い切るほどに狭隘で閉鎖的なモラルは、幕藩体制下における universalism の喪失の極限形態である。(16)

鍋島家（佐賀藩）への忠義が仏教や儒教などの普遍的な原理より上に位置づけられるのは、山本常朝にとっては世界＝鍋島家だからである。それは「七生迄も鍋島侍に生れ出で、国を治め申す」という強烈な愛着の対象だった。彼はその心情を「恋の心入れの様なる事なり」という。ここで恋する対象になっているのは主君ではなく、鍋島家である。これは丸山も指摘するように、戦場から離れてサラリーマン化した武士の心情を見事に表現している。「鍋島家」を「会社」や「役所」に置き換えれば、現代の日本社会で出世する心がけとしても読める。サラリーマンに何より求められるのは「会社に恋する」忠誠心だ。

藩主は鍋島家を維持するための「機関」にすぎないので、個人としての藩主に対する忠義より「家」に対する忠義が優先する。そこで家を守るために主君に諫言することが、最高の倫理として説かれる。「奉公人の至極〔最高の務め〕は家老の座に直りて、御意見申し上ぐる事に候」という。

これは個人的な「利慾」を離れた行動だが、現世的な出世とは無関係ではない。隠居して『徒然草』などを読むのは武士の道ではなく、「兼好・西行などは腰抜」だという。常朝自身は出世コースをはずれていたが、それは抽象的な道徳ではなく、出世して家を運営するためのアドバイス集だった。

『葉隠』は主君への絶対服従を説いているようにみえるが、そこで山本常朝が忠誠の対象としているのは藩主ではない。主君の政治が間違っている場合には「主君の御心入を直し、御国家を固め申すが大忠節」という言葉で忠誠の対象になっているのは、個人としての藩主ではなく「国家」(鍋島藩)なのだ。

これは本家の中国とは対照的である。丸山によると漢以前の「原始儒教」においては、君臣の関係は相互的で、「君君たらざれば臣臣たらず」だったという。諫言という考え方はあったが、「三諫して(三回諫言して)聴かれざれば去る」という倫理だった。日本でも戦国時代まではこれに近い自由な関係があったが、江戸時代に大名家と武士の雇用関係が固定されると、「聴かれざれば去る」というわけには行かないので主君を説得し、それでも主君が聞かない場合は「主君押込」という非常手段をとる。(17)

ここでは国＝家であり、藩（大名家）を超えるネーションは想定されていなかった。こういうエートスが生まれたのは、主君と部下の長期的関係が固定された幕藩体制の閉じた社会に固有の現象だった。その「家」への忠義は儒教的な主従関係ではなく、丸山の表現でいうと「下から上に吹き上げる主体性」だが、その心情は藩主でも親族集団でもない「共同体への恋」だった。

『葉隠』はそれを激しい言葉で書いたので禁書となったが、鍋島藩では細々と読み継がれ、その「主君を主君たらしめるために意見する」倫理が、「国を守るために徳川家を倒す」という尊王攘夷のイデオロギーになった。丸山は「葉隠の論理は、幕藩体制の解体状況の中ではじめて志士のなかにその対応物をもった」というが、禁書だった『葉隠』が直接の影響力をもったわけではない。江戸時代のサラリーマン化した武士の中に眠っていた戦国時代のエートスが、尊王攘夷という形をとって吹き上げたのだろう。

第九章

明治国家の思想

戦後の歴史学では、明治時代についての評価は「不十分な上からの革命」といった否定的なものが多かった。これはフランス革命のような政権の転覆を革命のモデルと考える講座派マルクス主義の考え方で、丸山の評価もそれに影響を受けているが、彼は明治憲法の立憲主義を高く評価した。他方で教育勅語に代表される儒教思想が、その後の国体思想の原型になったと考えた。

彼は明治国家に、デモクラシーに通じる「よいナショナリズム」とファシズムに通じる「悪いナショナリズム」を見て、大正デモクラシーでは政党政治が花開いたが、昭和に入って軍部がそれを圧倒したと考えた。それは彼と同世代の司馬遼太郎が昭和を大正と不連続な時代とみたのと似ているが、いささか不自然である。昭和にも政党政治があり、それは大正デモクラシーと不連続なものではなかった。

武士のエートスの「解凍」

尊王攘夷の原型は国学や水戸学にあったが、それは当初は徳川家の支配を補強する思想だった。これが長州に移植され、吉田松陰が「本来の王権である天皇の権力を回復する」という革命思想にした。それ自体は荒唐無稽だが、徳川家の力が衰えた幕末に、意外な広がりを見せた。丸山が重視するのは、身分制度に対する反抗が開国のエネルギーを内包していたということだ。

徳川幕府は、戦国時代のダイナミックな割拠状態を「凍結」することによって平和を保っていた。そこでは徳川家は他の大名の上に立つ絶対君主ではなく、圧倒的に大きな「天領」をもつ「同輩中の首席」にすぎない。その地位は不安定だったので、幕府は徹底的な相互監視システムをつくり、人々を各藩の土地に縛りつけ、鎖国によって海外との交流を断ち切ることによって二百五十年以上の長期にわたる平和を実現した。

その秩序が動揺すると、凍結されていた下克上のダイナミズムが動き始める。幕府は、このような身分制度の動揺が幕藩体制の崩壊をもたらすことを危惧して彼らを弾圧したが、長い平和の中で文官化していた武士が本来の武官の行動をとりはじめると、それが藩の境を越え、国境を越えることは必然だった。丸山はある藩主の「軍備が不十分なまま交易を始めると国が絶える」という幕府への抗議文を引用してこう書いている。

> 右の文章は国際的コミュニケーションが、ただちに国内における凍結された戦国状態の解氷をもたらすという関連を、支配層が本能的に直観していたことをよく示している。それは大名割拠の「休戦」が解除されることへの恐怖だけではなく、むしろヨリ本質的には、

全身分秩序を連結するリンクの弛緩への危機感である。[1]

日本のように短期間に排外主義が対外開放に変わった国はほとんどない。清は西洋諸国を「夷狄」と見下して真剣に対応しなかったため、侵略されて没落した。これに対して日本の天皇は中国の皇帝のような絶対的権力をもっていないため、相手のほうが強いと見れば妥協し、「富国強兵」のためには西洋の技術を導入する使い分けが容易だった。

西洋文明の本質的な影響を受けないで、その技術だけを取り入れることができたのは、このような「日本的機会主義」のおかげである。それが可能だったのは、日本社会に宗教的な伝統がなく、西洋の技術とともに入ってくるキリスト教などの新しい価値観への恐怖がなかったからだろう。このように日本は、新しい技術や文化を急速に取り入れる一方、その基盤はほとんど変わらない二層構造で、明治以降の激しい変化に見事に対応してきた。

このベースになっている「開かれた社会」はポパーの言葉だが、丸山はポパーを高く評価していない。ポパーは英米的な自由主義を「開かれた社会」として全面的に肯定し、ヘーゲルやマルクスを「歴史主義」として批判したが、そのヘーゲル批判は表面的で、若いころヘーゲルの影響を受けた丸山には納得できなかっただろう。

丸山は日本が幕末の大きな変化に対応できた原因を「徳川幕藩体制は室町から戦国にかけてのダイナミックな歴史過程から生じた領主分国制を、いわばスタティックに凍結したところに成立したものである」と書いている。開国は戦国武士のエートスを「解凍」したわけだから、そこに戦国時代のようなカオスが生じるのは当然だが、国内の混乱は驚くほど少なく、むしろ対外的な「国難」に国をあげて対応する点で各藩が一致した。

これも珍しいことで、清はイギリスを軽視して、アヘン戦争に敗れた。日本の場合は、彼我の戦力の差があまりにも圧倒的で、戦争によって対抗することは選択肢になりえなかった。このとき幕府が列強と無駄に戦わず、和平を結んだのも賢明だった。これも戦国時代の大名分国制のイメージが残っていたためではないか、と丸山は書いている。

国民主義と国権主義

丸山はナショナリズムを一貫して肯定的に評価していた。それを示すのが、一九四九年の論文「明治国家の思想」である。これは歴史学研究会のアカデミックな報告で、「超国家主義の論理と心理」でジャーナリスティックに書いた問題を歴史学的に整理している。ここで特徴的なのは、民権と国権を補完的なものと考えていることだ。

明治政府の思想は国権主義だったが、自由民権運動はそれに反対したわけではない。初期の明治政府には、福沢諭吉や大隈重信のように民権的な英米派も多かった。それを山県有朋や井上毅などの国権派が福沢や大隈を政権から追放し、天皇に大権を与える憲法をつくった。自由民権運動は不平士族の反乱だったが、薩長政権から排除された知識人の異議申し立てという側面もあった。

民権運動の「民」は文字通りの全国民ではなく、地主や資本家などの有産階級だった。彼らの資本がないと「富国強兵」も実現できないので、民権の実現は国権の拡張の前提だった。それに対して国権派はその主張をわかりやすくアピールするために列強の脅威を強調し、対外的な戦争を利用した。日清戦争は意外に簡単に勝ったので、バランスは一挙に国権派に傾いた。福沢も『通俗国権論』で「百巻の万国公法は数門の大砲に若かず」と書いた。この心理を丸山は、学術論文には似合わない比喩で表現する。

> 自由民権論者をして、そういう認識に導かせたところのものは何といっても、まさに弱肉強食そのままの、当時最高潮に達した帝国主義的な世界争奪であったのでありまして、これをたとえていうならば、思春期に達した子供が非常に悪い環境に育ったために性的な方面で、他と不均合にませてしまった様なものではないかと思うのであります。[2]

こうして明治国家の中にあった民権と国権は一八九〇年代から分離し、福沢も国権派に傾斜してゆく。この時期の論客として丸山が注目したのが、陸羯南だった。彼は三宅雪嶺とともに「日本主義」のジャーナリストとして知られているが、丸山は全集の刊行にも協力した。これは父（幹治）が羯南との交友があったという縁もさることながら、日本の国家としてのまとまりを実現するには立憲君主制による民権の実現が必要だという羯南の思想に、丸山と近い面があったためだろう。

丸山が羯南を批判したのは彼のナショナリズムではなく、その不徹底だった。羯南は日本に近代的な国民がいないと批判したが、その「国民」は漠然と日本人の全体をさすもので、それは「近代的国民主義に最も近いものからほとんど純粋に封建的な国粋主義までを包含する非常に幅の広いものとならざるをえなかった[3]」と丸山は批判している。羯南の日本主義にはナショナリズムの中の「民権」的な要素と「国権」的な要素が混在していたが、それがやがて分化して国権主義に傾いた、という。

これは文献学としては疑問があるが、戦後は否定的に評価されることの多い日本主義の中に民権主義をみていることが注目される。その後、日本主義は担い手を失い、孤立した民権派が社会主義に向かう一方で、国権派はさらに「ませて」日露戦争で満州の利権確保へと進んだ。それを支えたのは、かつて英米的な民権主義をとなえた徳富蘇峰や、その後に続く頭山満などの国権主義だった。

国体という空気

天皇は幕末には名目的な君主になっていたが、尊皇派は幕藩体制の割拠的な性格を克服して「日本」という国家的な統合を実現するために儒教のイデオロギーを利用し、形骸化していた天皇を皇帝の地位に置いた。伊藤博文は帝国憲法制定の際に、天皇を中心にすえる目的を次のように述べている。

> 欧州に於ては憲法政治の萌せる事千余年、独り人民の此制度に習熟せるのみならす、又宗教なる者ありて之か機軸を為し、深く人心に浸潤して、人心此に帰一せり。然るに我国に在ては宗教なる者其力微弱にして、一も国家の機軸たるへきものなし。〔中略〕我国に在て機軸とすへきは、独り皇室あるのみ。(4)

ここでは欧州に比べて日本の弱点は、宗教的な「機軸」がないことだという自覚があり、国家を統一するためには法律や官僚組織だけではなく宗教が必要だということが意識されている。明治以降の「一君万民」型の天皇制は、このように日本になかった宗教（キリスト教）をつくるために明治初期に意識的に設計されたものであり、自然な伝統ではない。

国家神道は、伊藤などのつくったキリスト教の出来の悪いイミテーションだった。神との契約で世俗的な権力を拘束するキリスト教の合理主義は法の支配の原型になったが、国家神道の中身は不明で、国家がそれをどう利用してもよかった。「現人神」だったはずの天皇には開戦の拒否権さえなかった。

しかし天皇制が国民生活に浸透し、自明の権威になるとともに、国家神道は「忠孝一致」などの家族主義的な道徳と一体化し、国体という共同体的な規範に変質してゆく。これを丸山は空気にたとえている。

天皇制が正統化され、国民の中に、上から浸透していくに従って、天皇制そのものが政治的対立の彼岸におかれ、非政治的に表象された。したがって、それは、空気のように目に見えない雰囲気として一つの思想的な強制力を持つようになった。［中略］実は国体というものは、その中でしか生きることは許されないのに、本人は強制力としては意識しない[5]。

社会主義のように具体的内容をもつ思想を丸山は「固体」と表現し、それに対して国体のような不定形の思想を「気体」と呼んでいる。それは一貫して実体となることを拒むことであらゆる政治権力より優位に立ち、長い歴史の中で生き残ってきた。その本質はこの精神的優位性にあるので、これを疑う（きわめて少数の）「主義者」が政権をゆるがす存在になったのだ。

しかし国体とは何だろうか。それを定義することは慎重に避けられ、さまざまなイデオロギーを包み込む「無限抱擁」的な性格をもっていた。「それは否定面においては――つまりひとたび反國體として断ぜられた内外の敵に対しては――きわめて明確峻烈な権力体として作用するが、積極面は茫洋とした厚い雲層に幾重にもつつまれ、容易にその核心を露わさない[6]」。

終戦にあたっても最大の問題は犠牲をいかに最小化するかではなく、国体が護持されるかどうかだったが、その意味は政府首脳にもわからなかった。「彼等にとってそのように決定的な意味をもち、また事実あれほど効果的に国民統合の「原理」として作用して来た実体が究極的に何を意味するかについて、日本帝国の最高首脳部においてもついに一致した見解がえられず、「聖断」によって収拾された[7]」。

国体の概念は、水戸学などの尊皇思想の中ではそれなりに学問的な実体をそなえていたのだが、明治政府によって国民統合のイデオロギーとして利用され、それが大衆化するに従って正体不明の「無責任の体系」になったのである。

明治の密教と顕教

「国体明徴」が叫ばれるようになったのは美濃部達吉の天皇機関説事件がきっかけだったが、それは当時の多数説だった。丸山は「国家法人説とか天皇機関説は、人民主権の立場に立たないかぎり、近代国家の統治権の公的な行使を元首や行政幹部の私的な行為から区別して体系的に説明するためにどうしても必要と考えられた擬制です[8]」と解説している。

天皇大権説では、官僚は天皇の裁可を受けないと決定できないが、それでは実務は動かない。主権は法人としての国家にあり、天皇はその最高機関だが実質的な意思決定をしないという憲法解釈が当時の高等文官試験（美濃部が試験委員だった）で正解とされ、それに合格した官僚が行政事務を執行していた。

ところが一九三〇年代に「統帥権干犯」などの問題で天皇大権説が持ち出され、「陛下を機関とは何事か」と美濃部を糾弾する蓑田胸喜のような右翼が世論を動かし、誰もそれに逆らえなくなったため、実務的に認められていた機関説が「密教」になり、国定教科書などで流布された天皇大権説が「顕教」になったというのが久野収の分類である。(9)

これは密教の本来の意味とは違うが、国体が「表の国体」と「裏の国体」の二重性をはらんでいたという指摘は重要である。国体は無定義語だが、それゆえに限りなく大きな呪縛力をもつ。たとえば一九二三年に起こった摂政宮狙撃事件について、丸山はこう書いている。

内閣は辞職し、警視総監から道すじの警固に当った警官にいたる一連の「責任者」(というていその凶行を防止し得る位置にいなかった)の系列が懲戒免官となっただけではない。犯人の父はただちに衆議院議員の職を辞し、門前に竹矢来を張って一歩も戸外に出ず、郷里の全村はあげて正月の祝を廃して「喪」に入り、卒業した小学校の校長並びに彼のクラスを担当した訓導も、こうした不逞の輩をかつて教育した責を負って職を辞したのである。(10)

ここで問われたのは、狙撃した犯人の刑事責任でもなければ、テロを防げなかった警備担当者の責任でもない。彼らを辞職に追い込んだのは、摂政(昭和天皇)や国民の怒りをおしはかる自発的な「忖度」の連鎖だった。丸山はこの事件について「「国体」という名で呼ばれた非宗教的宗教がどのように魔術的な力をふるったかという痛切な感覚は、純粋な戦後の世代にはもはやない」と書いたが、こうした「忖度」は現代の日本にもある。「国体」を示す記号が、天皇から首相に変わっただけである。

ただ憲法解釈として、美濃部の説が正しいかどうかは別の問題である。機関説は一種の「解釈改憲」で、明治憲法で絶対的な権力者とされた天皇を憲法に拘束される立憲君主と読み替えるものだ。大日本帝国憲法第四条は「天皇は国の元首にして統治権を総攬し此の憲法の条規に依り之を行ふ」と規定しており、天皇が主権者で憲法はその統治の手段である。

だから天皇は法の支配のもとに置かれる「機関」ではなく、絶対的な大権をもつという穂積八束や上杉慎吉の解釈は、実定法中心主義でいうと正しかった。彼らの解釈は、権力が内閣に集中することを防ぐために、天皇という架空の中心をつくって権力分立を守る思想だったともいえる。[11]天皇大権が「国体」だとすれば、美濃部の解釈改憲はそれに反するという右翼の主張も、法律論としては間違っていない。この論争は、明治憲法に潜んでいた立憲君主制と天皇大権の矛盾を顕在化させる結果になった。

天皇制の呪力からの解放

丸山は父の影響で、昭和天皇がリベラルであることを知っており、近衛文麿などのリベラルな重臣とも交流があった。立憲君主制が機能すれば、二・二六事件のように天皇が拒否権を発動し、リベラルな重臣や大学教授が最悪の事態は防いでくれるだろうと彼は信じていたが、期待に反して立憲君主制も重臣リベラリズムも、軍部の暴走を止めることができなかった。

それは「天皇を囲繞する重臣リベラリズム」に宿命的な限界があったからだ、と丸山は考えた。彼は晩年に「この論文（「超国家主義」）は、私自身の裕仁天皇および近代天皇制への、中学生以来の「思い入れ」にピリオドを打った」と書き、その経験を次のように書いている。

> あの論文を原稿紙に書きつけながら、私は「これは学問的論文だ。したがって天皇および皇室に触れる文字にも敬語を用いる必要はないのだ」ということをいくたびも自分の心にいいきかせた。のちの人の目には私の「思想」の当然の発露と映じるかもしれない論文の一行一行が、私にとってはつい昨日までの自分にたいする必死の説得だったのである。私の近代天皇制にたいするコミットメントはそれほど深かったのであり、天皇制の「呪力からの解放」はそれほど私にとって容易ならぬ課題であった。[12]

美濃部達吉が明治憲法の改正に反対したのは、立憲君主制がその本来の機能を発揮すれば、暴走は起こりえないと考えたからだ。丸山は美濃部が「憲法を深く理解していた」ことに敬意を表したが、その結論には賛成しなかった。天皇主権と国民主権の間には、革命的な変化があったと考えたからだ。

彼は晩年にその苛立ちを次のように語っている。

国民の側も長期安定政権のもとで経済成長を遂げ、憲法が出たときの新鮮な感覚がなくなってしまっている。それが問題です。その問題が一番よく現れているのが、象徴天皇制をめぐる議論なんです。そもそも日本は昔から象徴天皇だったのではないかという論がある。［中略］しかし、昔から人民主権原則はありましたか。人民の自由意思によっては共和政にだってできるのだ、という思想的伝統がありましたか。おふざけでない、といいたい。(13)

主権者たる人民が君主政も共和政も選べるのが新憲法の明治憲法との最大の違いだが、実際に国政を運営するのは国民に委任された官僚である。重臣がリベラルな天皇を守れなかったのは「自由と人権の保障という原則に忠実であるよりは、むしろ天皇への責任の波及を避けるのを最大関心事としていた」からだ、というのが丸山の最晩年の結論だった。その悔恨から出発した彼は、重臣ではなく新たに主権者になった人民に希望を託した。

丸山が天皇制をはっきり否定するようになったのは晩年である。一九八四年の座談会で、丸山は「天皇制を打倒しない限り、普遍主義というものは日本に根づかない(14)」という。日本の伝統のコアになっているのは教養なきL正統としての天皇制だ、というのが丸山の論理だった。ここでは異端にも一貫した教養はないので、正統を打倒するダイナミズムが欠けている。重臣リベラルの依拠していたのは昭和天皇の精神的権威だったが、彼は結局、軍民の「空気」に抵抗できなかった。

> 敗戦後、半年も思い悩んだ揚句、私は天皇制が日本人の自由な人格形成――自らの良心に従って判断し行動し、その結果にたいして自ら責任を負う人間、つまり「甘え」に依存するのと反対の行動様式をもった人間類型の形成――にとって致命的な障害をなしている、という結論にようやく到達したのである。[15]

これは一九四六年の「超国家主義」論文についての記述だが、その論文では天皇制の打倒は論じていない。彼が戦後ずっと内心で天皇制を否定していたのか、それとも晩年の心境を論壇デビュー作に投影したのかはわからないが、少なくとも晩年の彼が天皇制を否定するという意味の共和政に共感をもっていたことを示している。

彼は天皇制が風化したと考えていたが、昭和天皇の死去は、日本の国体が変わっていないことを示した。NHKが昭和天皇の容態を毎日報告し始めた一九八八年九月から、全国で「自粛」が始まった。丸山は十一月の座談会で、この異様な雰囲気を「自粛の全体主義」と呼んだ。それは大正天皇の崩御のときはなかった現象で、「情報社会と結びついた天皇制、つまり情報社会の特徴を非常によく表している」という。

それを誰が言い出して、どういうプロセスでそうなるか、それが分からないんです。それが戦争と非常によく似ている。誰が戦争をここまで拡大し、誰の命令であああいうふうになったのか、ついに分からないわけ。何となくそうなっちゃった。雰囲気でそうなっちゃう。僕は戦争について、雰囲気の支配と言ったことがあるんですけれど、同じなんだな、今度のも。(16)

日本の社会を「雰囲気の支配」と呼んだ丸山の発想は、それを「空気の支配」と呼んだ山本七平と似ている。(17)そこには戦前の国体と同じく「何物かに押されつつずるずると」既成事実に屈服する傾向が受け継がれている。昭和天皇のときも、ＮＨＫでは事前に放送の体制が決められていたが、危篤の第一報が入ると過剰報道が始まり、各社が競って自粛が始まったのである。

○正統とＬ正統

丸山は一九五〇年代なかばから八〇年代まで、『正統と異端』という編著を書こうとしていた。これは筑摩書房の『近代日本思想史講座』の第二巻として一九五〇年代に企画され、四十年近くにわたって研究会が続けられた。当初はキリスト教の正統と異端という図式で天皇制と共産党を論じるという発想だったらしいが、天皇制や共産党の正統性が衰える中で、丸山は正統と異端という図式に興味を失い、この本は未完に終わった。[18]

その資料は今も丸山文庫に保存され、その一部が刊行されているが、内容は混乱している。正統と異端という問題設定に無理があったのだが、これに丸山がずっとこだわったのは、単なる出版社への義理立てではないだろう。

前章で少し触れたが、そもそも日本語には、正統という言葉に対応する概念がない。丸山は前述のようにキリスト教のような教義上の正統をO正統、政治的な合法性をL正統と呼び、正統と異端の区別よりもO正統とL正統の区別に興味をもつようになる。西洋の歴史では、両者は教権と俗権の対立として明確だが、日本にはキリスト教のようなO正統はあったのだろうか。難航した議論の末に、丸山は「L正統としての天皇制がO正統としての教義をもったことはない。それは儒教やキリスト教のように自己を正統化する教義がなく、必要なときは外から借りてきた」という。「日本には正統がなくて異端だけがあった。非国民はあったが、国民はなかった」という。

同じことは、戦後の政治にもいえよう。自民党は「保守主義」の党だといわれるが、彼らが体系的な保守主義の教典をもっているわけではない。保守系の論壇誌を読んでも、野党や朝日新聞の批判ばかりで、憲法改正以外に積極的な政策はほとんど書かれていない。彼らの保守しようとする価値は何なのか、彼らにもわからないのではないか。

自民党の保守とは英米的な conservative ではなく、このような現状維持以外の意味をもたないL正統である。それは国家権力を必要とするものではなく、近世までの日本人は狭い村の中で掟を守って生活してきた。近代以降、「大きな社会」に統合される中で、日本はO正統としての君主制を輸入し、昔からいた天皇をそこにすえた。しかしそれは西洋的な君主とは違う空虚な記号だから、天皇家である必要さえなかった。

　戦後は保守党が「憲法改正」を掲げる一方、野党は憲法を保守しようとする奇妙な対立が続いてきた。自民党にとって新憲法は占領軍に押しつけられたものであり、明治憲法のような正統性をもたなかった。江藤淳は、ポツダム宣言の受諾は「無条件降伏ではなかった」として、アメリカの「属国」になった戦後の日本を批判した。[19]

　江藤の批判は、ある意味では正しい。占領下で起草された日本国憲法は、正統性という点では大きな弱点を抱えていた。丸山はウェーバーの「合法的支配」という概念を批判し、「形式的な合法性（Legalität）はどこまで行っても合法性で、実質的な正統性（Legitimität）とは異なる」というシュミットに賛同する。

　「法の支配」が被治者に与える安心感というか正統性の感覚というものも、ただ権力が法規に従って発動するというだけでなく、その法なるものが一方的に支配者によって作られたものでなく、被治者たる人民の参与によって、具体的にいえば人民を代表する議会の同意によって作られるという点に根ざしています。つまり人民が作った法に人民が従うという観念が合法性そのものを正統化しているわけです。[20]

この合法性と正統性の区別は、丸山にとって重要だった。日本社会では戦後も支配の民主的正統性はあまり意識されず、国会で可決された法律も官僚機構のつくった（民主的正統性のない）政令や省令も一括して「法令」と呼ばれる。それは明治以来、官僚機構が国家を支配してきた歴史を反映しているが、そこでは主権者たる国民が国家を支配するという感覚は生まれにくい。丸山が憲法の中核と考えていた人民主権は、日本人には感覚的にわからない観念だった。

第十章

武士としての福沢諭吉

丸山は福沢諭吉をたびたび論じているが、その福沢像は啓蒙的なモダニストである。丸山が「福沢惚れ」と自認したように「独立自尊」の近代的個人を確立しようとした彼の自画像が投影されているためか、対象との距離が感じられない。こういう福沢像が現在の通説的な理解ともなっているが、最近の研究ではモダニストとばかりもいえない。

福沢は人生の半分を武士として過ごし、残り半分を明治時代に過ごして「一身にして二生を経る」と語った。彼の西郷隆盛への共感や勝海舟への反感の根底には、よくも悪くも武士のエートスがある。丸山はそういう面も認めるのだが、最終的には福沢をモダニストに回収してしまう。これも今は文献学としては批判を浴びているが、そこには福沢を通じて語られる丸山の思想があった。

惑溺と独立

丸山が戦時中に発表した「国民主義の「前期的」形成」のテーマは、江戸時代の儒学の中から日本的ナショナリズムが生まれた過程をたどるものだが、その最後は「全国民の脳中に国の思想を抱かしめる」という福沢の『通俗国権論』の引用で結ばれる。ここで丸山が「前期的国民主義」と呼んでいるのは、前にも述べたように大塚久雄の影響である。

統一国家をつくらないと侵略されるという武士の危機感がナショナリズムを生んだが、それは尊王攘夷のような排外主義になり、身分制度を打破するという問題意識はなかった。吉田松陰の「草莽崛起」も、革命の主体として「草莽の士」としての下級武士までしか想定していない。だから尊王攘夷の想定していたのは、たかだか絶対君主としての天皇のもとで雄藩が連合して外国の脅威に対抗するという程度の改革で、幕藩体制そのものを破壊する気はなかった――というのが丸山のいう「前期的」国民主義の限界である。

福沢も当初は公武合体論で倒幕には反対だったが、明治維新で予想以上の大改革が平和的に行われたことを評価した。彼が「全国民」の問題として政治を考えるようになったのは、その後である。このような武士のエートスと明治維新の連続性は、その後の福沢論ではあまり論じられなくなり、彼がモダニストとして尊王攘夷を超える思想をもっていたことが強調されるようになった。

そのキーワードとして丸山が使ったのが「惑溺」である。これは今日では使われないが、もとは credulity（盲信）あるいは superstition（迷信）の訳語として、福沢が使い始めた言葉である。西周はこれを superstition の訳語として使ったので、単なる「封建的な因習」と理解されることが多いが、福沢はもっと複雑な意味をもたせている。

支那日本等に於ては君臣の倫を以て人の天性と称し、人に君臣の倫あるは猶夫婦親子の倫あるが如く、君臣の分は人の生前に先づ定たるものゝやうに思込み、孔子の如きも此惑溺を脱すること能わず。(1)

現在の社会秩序がアプリオリに正しいと信じ、それが倫理的に正しいと思い込むことを福沢は惑溺と呼んでいる。さらに重要なのは、「物ありて然る後に倫あるなり、倫ありて然る後に物を生ずるに非ず」という指摘である。福沢が儒教を否定したのは、このように倫理と物理が分離されず、倫理的に正しいことは物理的にも正しいとしているからだ。

福沢が「実学」を主張したのは、単に実用的な学問を大事にするということではない。実用的な知識を尊重し、空理空論を排するのは、むしろ儒教(朱子学)の特徴である。そこでは、知識の根底にあるのは、現在の秩序を正当化する「倫理学」だった。これは西洋のキリスト教神学とも同じで、もともと学問というのは現状を正当化して社会秩序を安定させるために生まれたものである。

しかしニュートン以降の「物理学」は、これとはまったく異なる方法論を生み出した。それは物理を倫理から切り離し、両者が一致しない場合は後者を棄却する実験の方法である。そこでは世界がこうあるべきという倫理とは無関係に、どうであるかという事実だけが問題になる。

福沢の実学は、こうした「実証主義」であり、役に立つものは採用するプラグマティズムである。
彼もこうした方法論は「甚だ殺風景なもの」というが、それは日本が独立するためには必要だと考えていた。彼のいう独立とは、第一義的には日本を日本人が統治する（西洋に侵略されない）ことであり、そのためには彼が「敵」と考えていた西洋の知識を取り入れて国力を高める必要があった。

政府ありて国民なし

ただ丸山は、福沢を単なるモダニストと考えていたわけではない。福沢の『文明論之概略』の中の「日本には政府ありて国民（ネーション）なし」という言葉を引用して、丸山はこう述べた。

これが日本でなぜとくに重要かというと、「くに」という言葉は記紀に出てくる最も古いやまと言葉の一つだからです。古来から、日本ほど領土・言語・人種などの点で相対的に連続性を保ってきた国は世界でも珍しい。しかし、いま「ネーション」に対応するコトバとして国というものを考えてみると、いまだに国の体をなしていない。(2)

日本の「くに」はいくつにも相似形に重なった構造をなしている。いちばん外に「大日本国」があり、その中に出羽国とか播磨国などがあり、「クニへ帰る」というときの郷里がある。そいう。

の郷土愛を大日本帝国への愛に直結したところに、近代日本の奇蹟の原因があった、と丸山は

しかしこの「くに」は、近代の主権国家とは似て非なるものだ。人々はふるさとには愛着をもっているが、大日本帝国にはもっていなかった。それは敗戦によって、あっというまにマッカーサー万歳になった切り替えの速さにあらわれている。朝日新聞とは逆に、福沢も丸山も問題にしたのは、日本人のナショナリズムの弱さだった。国家としての戦略の欠如が、一方では外交の弱さとなり、他方では盲目的な戦線拡大になった。

丸山が紹介する留学生のエピソードは印象的である。彼が学部演習で『文明論之概略』を指定したとき、演習に参加したいといってイラン人の女子留学生が研究室をたずねてきた。丸山がなぜ（実用的価値のない）福沢の演習に参加するのかと聞くと、彼女はこう答えたという。

私の祖国イランは古代には世界に冠たる帝国であり、また輝かしい文化を誇っていたのに、近代になって植民地の境涯に沈淪し、いまようやくそこからはい上がろうとしている。日本は西欧の帝国主義的侵略の餌食とならず、十九世紀に独立国家の建設に成功した東アジア唯一の国家であった。私はその起動力となった明治維新を知りたい。(3)

この女子留学生は丸山ゼミに所属し、そのレポートは「日本人の参加学生を瞠若たらしめた」

という。[4] 丸山はこのような近代的ナショナリストとして福沢を評価する。それは彼自身の立場でもあったのだろう。

『学問のすゝめ』で福沢は「一身独立して一国独立する事」と題して、国家の独立を論じている。これを丸山は「個人の独立なくしてなんの国民的独立ぞや」という個人主義と理解し[5]、それが今も常識になっているが、原文のニュアンスは違う。この言葉は「国は同等なること」という節の最後に出てくる。「日本国中の人民一人も残らず命を棄てゝ国の威光を落さず」という議論を受けて、福沢はこう書く。

　我日本国人も今より学問に志し気力を慥《たしか》にして先づ一身の独立を謀《はか》り、随て一国の富強を致すことあらば、何ぞ西洋人の力を恐るゝに足らん。道理あるものはこれに交り、道理なきものはこれを打拂はんのみ。一身独立して一国独立するとは此事なり。[6]

これは個人が自立するという近代社会の原則論ではなく、日本人が学問をして気力をもち、国を豊かにすれば西洋人は恐れるに足りないという国権論である。ここでは「一国の富強」が目的で、一身の独立はその手段である。このように福沢を個人主義的なモダニストと理解するバイアスは、丸山の福沢論に一貫している。それが福沢の一面をとらえていることも事実だが、彼の別の面を軽視する結果になった。

福沢の国権論

福沢は『文明論之概略』では明確に「国の独立は目的なり、国民の文明は此目的に達するの術なり」と書いている。これを丸山は「自由にして相互に平等な人民によって下から支えられた国家こそ、自国の自由と平等を守り抜く国家である」と理解しているが、この一節の前段はこうなっている。

暗殺攘夷の論は固より歯牙に留るに足らず、尚一歩を進めて兵備の工夫も実用に適せず、又上に所記の国体論、耶蘇論、漢儒論も亦人心を維持するに足らず。然ば則ち之を如何して可ならん。云く、目的を定めて文明に進むの一事あるのみ。其目的とは何ぞや。内外の区別を明にして我本国の独立を保つことなり。而して此独立を保つの法は文明の外に求む可らず。今の日本国人を文明に進るは此国の独立を保たんがためのみ。

尊王攘夷のようなテロリズムはもちろん、軍備も足りず、国体論やキリスト教や儒学も国民の心をとらえないので、文明によって豊かにするしか独立の道はない、という論理は、『学問のすゝめ』とそう変わらない国権論である。これは福沢の生きていた時代には当然のリアリズムだろう。日本が独立国として存続できるかどうかは自明ではなかった。彼は当時の世界情勢を弱肉強食の「禽獣の世界」といい、ここで生き抜くには日本も禽獣にならざるをえないと論じている。[7]

ところが「一身独立して……」を個人主義と解釈した丸山にとっては、この国家を目的として文明を手段とした議論は解釈に困る。そこで彼は「国家理性」という福沢の使っていない言葉で、これを説明する。[8] Raison d'etat は絶対王制を正当化する言葉で、「理性」という意味はない。丸山は「国家利害」とも書いているが、「国益」と訳すのがわかりやすいだろう。

国家は力によって国益を追求するために設立されたものであり、人類が理性で平和に暮らせるなら必要ない。特に福沢の生きていた十九世紀末のアジアは帝国主義による植民地戦争の渦中にあり、日本も国益を守らないと滅ぼされるリスクは大きかった。初期には「国は同等だ」という国家の自然権を想定していた福沢が、その後は現実に目覚めたのだと丸山はいう。

福沢は国家が自然権として同等であるなどという幻想はもっていなかったので、文明によって国民が独立しないと国が独立できないと考えた。ただし福沢が国権論を無条件に賞賛していたわけではない、と丸山はいう。『瘦我慢の説』の冒頭で「立国は私なり。公に非ざるなり」と書いた福沢は、ナショナリズムが「私」だというシニシズムをもっていたのだ、と論じて丸山は「近代日本思想史における国家理性の問題」論文をこう結ぶ。

> 権力政治に、権力政治としての自己認識があり、国家利害が国家利害の問題として理解

されているかぎり、そこには同時にそうした権力行使なり利害なりの「限界」の意識が伴っている。これに反して、権力行使がそのまま、道徳や倫理の実現であるかのように、道徳的言辞で語られれば語られるほど、そうした「限界」の自覚はうすれてゆく。「道徳」の行使にどうして「限界」があり、どうしてそれを「抑制」する必要があろうか。

福沢の国権論を「国家理性」論として位置づけ、彼は国家を信じていなかったのだ、と理解するのが丸山の合理主義的な国家論だが、原文にない国家理性という言葉で福沢を解釈するのは、文献解釈としては牽強付会というしかない。彼もこの論文については何度も補注をつけているが、言い訳すればするほど議論が混乱してわかりにくい。

武士の瘦我慢

福沢の議論がつねに一貫していたわけではないが、彼の国権論は『学問のすゝめ』のころから一貫している。彼にとっては国の独立が目的であり、個人はその手段である。なぜなら国が滅びたら、個人も滅びるからだ。十九世紀のアジアでは日本以外の国はほとんど列強に滅ぼされたので、戦争にいかに勝ち抜くかは武士としての福沢にとって切実なテーマだった。彼の文明論も、国をいかに豊かにするかという観点から行われている。

それが近代的な合理主義ではないことは、福沢の死後に公表された『瘦我慢の説』でわかる。

ここで福沢は江戸城を無血開城した勝海舟を批判し、「敵に対して固より勝算なき場合にても、千辛万苦、力のあらん限り」を尽くして戦うのが瘦我慢だという。勝が西郷隆盛に江戸城を渡したことを瘦我慢の原則にもとるとし、幕臣は「城を枕に討死」すべきだったという。[9]

これは近代人とは思えない暴論だが、国のために死ぬという感情は集団を守るために必要である。合理的な個体は集団のために自分を犠牲にしないが、そういう集団は他の集団に負けるので個体も生存できない。このような利他的感情は一部は遺伝的なものだが、親族を超える集団への忠誠心は遺伝的な感情ではなく、広い意味の宗教として植えつける必要がある。[10] 愛国心やナショナリズムは、そういう文化的な利他的感情である。武士のエートスもそういう広義の宗教と考えると、必ずしも不合理な感情ではない。

『瘦我慢の説』と並んで丸山が解釈に苦しんでいるのが、これも死後に公表された『明治十年丁丑公論』である。福沢は西南戦争に殉じた西郷隆盛を武士の鑑として賞賛した。丸山はこういう武士としての福沢の議論を「極論」と考えるが、武士の美学としてはそれなりに一貫した思想と考えることもできる。[11]

この点でおもしろいのは、福沢の明治十年の著作『旧藩情』で描く中津藩の様子である。武士の三割ぐらいの上士（上級武士）は基本的に世襲の特権階級だが、下士（下級武士）は極端に貧乏で、江戸時代末期には百姓より貧しくなった。「武士は食わねど高楊枝」といわれる瘦我慢が武士の意地だった。

それでも農業や商業はできないので、みずから刀を捨てて商人になる武士も少なくなかった。このルサンチマンが明治維新のエネルギーだった。それはよくいわれる「上からの革命」ではなく、下士の上士に対する革命だったのだ。上士も財政難で貧乏にいやけがさしていたので、革命はあっけなく成功してしまった。福沢の国権論は、こうした文脈で理解すると武士のエートスが発揮されたものとみることができよう。

廃藩置県によって近代国家を築いた西郷が明治政府に対して戦争を起こしたのは、合理的には理解しにくいが、政府が江藤新平や板垣退助などを追い出して長州の藩閥政権になったことに対する反乱だった、と『丁丑公論』はいう。政府をつくった西郷は戦いに勝ち目がないことを知っていたが、いわば武士の魂に殉じて政府を批判したのだ。

福沢は「立国は私なり。公に非ざるなり」とか「報国心は偏頗心なり」などといい、愛国心も一種のエゴイズムだと自覚していたが、戦争で大事なのは国に殉じる武士のエートスである。それがナショナルに結束しないと列強にはとても対抗できない。この福沢の思想は『文明論之概略』の「国の独立は目的なり、国民の文明は此目的に達するの術なり」という結論から一貫する福沢のリアリズムだった。

「脱亜論」から日清戦争へ

これは晩年の福沢の「脱亜論」などの主戦論をどう解釈するかという問題にも関連する。福沢は日清戦争を支持し、『時事新報』の社説でも連日、主戦論の論陣を張った。これは帝国主義ではなく、軍事力に圧倒的な差があった列強の攻撃に対して日本の独立を求めるものだった。当時の東アジアは、清を中心として周辺国との君臣関係を維持する「冊封体制」だった。それはヨーロッパの主権国家のような対等の関係ではなく、清とその周辺国を君臣の関係に置くものだったので、清がヨーロッパに侵略されると、その属国だった朝鮮の独立は保障されない。

明治維新と同じ時期の李氏朝鮮では政変が相次ぎ、混乱が続いていた。科挙の劣化コピーだった両班は腐敗し、朝鮮は今の北朝鮮のような極貧の状態だった。ここに清の軍閥が介入し、朝鮮を属国として支配した。これを憂える金玉均などの朝鮮の独立派官僚が慶應義塾に留学し、福沢のもとへ日本の近代化を学びに来た。

彼らの話を聞いて福沢は朝鮮の情勢を憂慮し、『時事新報』の社説で、朝鮮の選択肢は「退却して「清の属国という」旧物に甘んじるか、前方に進んで戦うか」の二つに一つだと書いた。これは日本政府が朝鮮の開化派を支援せよという意味だったが、金玉均はこれを決起をうながすものと受け止め、帰国して一八八四年にクーデタを起こした（甲申事変）。

これは時期尚早で、新政権は袁世凱のひきいる清軍に三日で倒された。金は日本に亡命したが、李鴻章の罠にはまって上海で暗殺された。このあと書かれたのが「脱亜論」と題する『時事新報』の無署名の社説である。厳密には福沢が書いたかどうかわからないが、彼が承認したことは間違いない。[12] この社説は清と朝鮮を次のように罵倒する。

教育の事を論ずれば儒教主義と云ひ、学校の教旨は仁義禮智と称し、一より十に至るまで外見の虚飾のみを事として、其實際に於ては眞理原則の知見なきのみか、道徳さへ地を拂ふて殘刻不廉恥を極め、尚傲然として自省の念なき者の如し。(13)

教育といえば儒教主義で外面の虚飾だけを重んじるが、実際には科学を知らないばかりか道徳も知らず、残酷で恥知らずで傲慢で反省もしない──ということの社説は戦後、福沢の国権論を批判する人々に取り上げられ、朝鮮民族の蔑視として批判されたが、丸山はこれに反論した。「脱亜論」は対外的な膨張主義ではなく、朝鮮の近代化論だったという。

福沢は、これら金玉均ら朝鮮開化派の動向に、思想的にだけではなく、ある程度実践的にも早くからコミットしていた。それだけに、甲申の政変が文字通りの三日天下に終わったときの、福沢の失望は甚大であり、またこの事件の背後にあった日本及び清国政府と李氏政権とが、それぞれの立場から、政変の失敗を日和見的に傍観し、もしくは徹底的に利用した態度は福沢を焦立たせるに充分であった。(14)

よく福沢は「脱亜入欧」だったといわれるが、彼が「入欧」という言葉を使ったことはない。

「脱亜」もこの社説のタイトルにしか使われず、当時の「興亜」論への反語だと思われる。彼は清が朝鮮独立派を弾圧したことを批判し、これで朝鮮の近代化の望みは絶たれたと論じた、というのが丸山の理解である。

日清戦争に反対した元田永孚《ながざね》（教育勅語を起草した儒学者）は「東洋平和論」をとなえた。その理由は「朝鮮は五百年にわたって明や清の属国だったので、急に独立させようとしても無理だ」というものだった。元田のような平和論は、朝鮮の自主性を尊重するようにみえるが、冊封体制の中での属国としての地位の維持にすぎない。

これに対して福沢の「脱亜論」は、儒教的秩序を否定するものだ。その「我国は隣国の開明を待て共に亜細亜を興すの猶予ある可らず」という結論を、丸山は「アンシャン・レジームっていうのは、ヨーロッパ文明に直面すると、倒壊するんだ」と解説している。清や朝鮮がこのままではヨーロッパに支配され、日本の独立も脅かされる。それを避けるためには朝鮮の旧体制を転覆して「文明化」するしかないというのが、福沢の情勢判断だった。[15]

その後も福沢の朝鮮に対する批判は激越になり、「朝鮮人民のためにその国の滅亡を賀す」という論説を載せた『時事新報』は発行禁止になった。この論説を福沢が書いたのかどうかについては論争があるが、[16]彼が平和主義者でなかったことは明らかである。人生の前半を武士として過ごした福沢にとって、こういう地政学的な発想は自然だった。

福沢は「日清の戦争は文野の戦争なり」として、これは文明と野蛮の戦争であって朝鮮を併合することが目的ではないと書いたが、戦争の混乱の結果、日本は韓国を併合せざるをえなくなり、ここを足場にして満州への進出が始まった。こうした結果からみれば、福沢の主戦論が結果的に日本の大陸侵略の第一歩になったという批判はまぬがれないが、世界の陸地の八割以上をヨーロッパが支配していた十九世紀末に、日本だけがその例外になる保証はなかった。

日本が明治期に独立して主権国家になれたのは冊封体制の外部にあったからで、同じことを清の圧倒的な支配下にあった朝鮮に求めたのは無理だった。日本の例外的な幸運による西洋化を普遍的な「文明開化」と考えた福沢は、朝鮮も文明開化できると考えたが、それは最近の言葉でいうと西洋文明中心の「オリエンタリズム」ともいえよう。

しかし日本が朝鮮半島を支配下に置いたことによって、朝鮮が「文明化」したことは事実である。よくも悪くも日本の朝鮮投資は大幅な赤字だったが、インフラ整備は植民地時代に進んだ。(17) それは植民地支配としては時代遅れだったが、ロシアの南下を防ぐという地政学的な意味はあった。丸山も「朝鮮が帝政ロシアの植民地になったら、日本の独立は危なかった」という。(18)

福沢の国権論については、『時事新報』の社説がどこまで彼の書いたものなのかという基本的な文献考証もできておらず、それを民権論の延長で理解しようとした丸山への批判も強い。(19) 福沢がもう少し長く生きていたら、徳富蘇峰のように軍部の大陸進出に協力したかもしれないが、日本が朝鮮半島を領土にしなかったら、ロシアが領土にしていたかもしれない。それが朝鮮民族にとって幸福だったかどうかはわからない。

第十一章

失われた主権者

丸山の戦後の出発点は軍部の暴走を止めることができなかったという悔恨であり、彼はそれを倒した「革命」の成果を守ろうとした。一九六〇年までの知識人の運動は、天皇制を介して戦前と連続する「国のかたち」を否定し、戦後の新しい日本を建設しようというものだった。労働者が（戦前には非合法だった）労働組合という自発的結社に結集し、自民党に代わる政権になることが丸山の夢だったと思われるが、それは見果てぬ夢に終わった。

それにはいろいろな原因があるが、戦後改革は本当に革命だったのだろうか。戦後の経済改革の多くが戦時体制で始まったという説が有力だが、同じことは政治にもいえる。戦後の政治を担ったエリートの多くは、戦時体制に協力した人々であり、官僚機構は（内務省と陸海軍を除いて）無傷で残った。丸山が「超国家主義」とか「ファシズム」と名づけた動きは、一九三〇年代の病理現象ではなく、明治以降の日本の必然的な結果だったのではないか。

総力戦体制を支えたリベラル

大正三年に生まれた丸山は大正デモクラシーの中で育ち、それを当然のものと考えた。日本の近代史では、明治期は藩閥政治だったが、大正期に政党政治が育ったと考える。それなのに昭和期に、軍国主義に転じたのはなぜだろうか。ヒトラーはナチス以外の政党をすべて解散したが、日本の政党は合法的に一九四〇年まで続き、みずから大政翼賛会に合流した。満州事変から日米戦争に至る戦争に、帝国議会の圧倒的多数は賛成したのだ。

一九三〇年代の混乱した時代に、リベラルな「本物のインテリ」は問題を正しく認識していたが「亜インテリ」のファシストにやられた、という丸山の歴史観は事実に即していない。普通選挙がポピュリズムを生み、政党政治は軍国主義と野合して大政翼賛会が生まれた。そこに集まった知識人は軍部に対して無力ではなく、積極的に軍部を呼び込んだ。

近衛文麿がその中心人物だが、彼をとりまく「昭和研究会」のメンバーにも、東京帝大法学部の「本物のインテリ」がいた。[1] その一人が、丸山と師弟関係にあった蠟山政道である。彼は昭和研究会で「立憲独裁」を主張してナチスを高く評価し、大政翼賛会の設立に参加して一九四二年の翼賛選挙では衆議院議員に当選した。戦後は公職追放の処分を受けたが、丸山などが追放解除を嘆願して復帰した。同じく昭和研究会で近衛の顧問だった矢部貞治についても、丸山は何も語っていない。ここに欺瞞を感じる人は少なくない。[2]

その他にも、同じく昭和研究会のメンバーだった大河内一男は「社会政策」の立場から大政翼賛会に賛同し、国家総動員法に賛成した。大塚久雄も、同じ立場から産業報国会を高く評価した。彼らのようなマルクス主義の立場からみると、総力戦体制は日本が封建社会から脱却するとともに、資本主義の弱肉強食の原理を克服するものとみえたのである。それは大政翼賛会の事務局をつとめた朝日新聞の緒方竹虎や笠信太郎にも共通する気分だった。

その中心となったのは三木清だった。彼は終戦直後に治安維持法で検挙されて獄中で死んだので、戦争に抵抗したリベラルとみられているが、彼の著書は、むしろ彼が京都学派の「近代の超克」の延長上にあったことを示している。彼は「現状維持的な階級協調主義ではなく、その立場とする全体を発展的に捉へ、道徳的全体的立場から階級を超克して、これを全体のうちに於ける機能的且つ倫理的関係に転化発展せしめ、国民的協同を実現せんとするもの[3]」という。

協同主義とは「既に破綻の徴歴然たる近代主義を一層高い立場から超克する」ものだ。三木は個人主義と全体主義を止揚し、近代的な観念論と唯物論の対立を超克した「東洋的ヒューマニズム」を唱え、ゲゼルシャフトとゲマインシャフトを綜合した理想社会の実現として「日満支を包含する東亜共同体」を位置づけた。

協同主義はその普遍性ゆえに世界的意義をもち、東亜共同体の指導原理となる。それを指導するのが、協同主義の伝統をもつ日本の世界史的な役割だと三木は主張した。この強い影響を受けて、笠は企業を利益の上に立つ組織ではなく職能組織として統制し、生産を拡大させる「協同主義の経済倫理」を提唱した。これは若き丸山の言葉でいうと「組合国家」であり、現代のことばでいうと「コーポラティズム」である。

このためには資本家と労働者という対立を超え、すべて「社員」として協同体の有機的な一部になる必要がある。彼の『日本経済の再編成』（一九三九）は大政翼賛会の理論として四十四刷を重ね、数十万部のベストセラーになった。笠は「英米的自由主義は世界の普遍的な原理にはなりえない」と批判し、それを超克する原理として国家社会主義を提案した。

笠は革新官僚と交流が多く、これは戦時経済の教科書となったが、一九四〇年に（摘発の危険を察知した緒方によって）海外特派員に派遣されて難を逃れた（企画院事件）。緒方や笠は狂信的な右翼ではなく、リベラルな社会民主主義者だったが、彼らが近衛新体制の支柱になった。新聞の支持に乗って軍部の発言権は強まり、革新官僚が国家社会主義の経済体制を構築した。その中心が岸信介である。

国家社会主義の教科書を書いた笠は一九四八年に帰国し、朝日新聞の論説主幹として全面講和や安保反対の論陣を張った。彼は戦前の著書をすべて絶版にし、戦後はそれについて何も語っていないが、軍国主義を支えたのは笠と革新官僚の立案した国家社会主義だった。戦前の日本と戦後の日本は、丸山が思っていたほど離れてはいなかったのだ。

自己武装権と集団的自衛権

終戦直後には明治憲法を全面的に否定した占領軍も、冷戦の中で大きく軌道修正した。一九四九年からレッド・パージが始まり、日本を「西側」に入れようという動きが強まった。こうした動きに対抗して出てきたのが、全面講和の運動だった。それは占領軍に対するナショナリズムと一体だった。

丸山は「片面講和にたいする全面講和の要求、対立する両軍事同盟群のいずれかへの一辺倒にたいする中立の要求、のなかには明らかに国民の対外的自己決定というナショナリズムの本質的契機がふくまれていた[4]」という。彼にとって全面講和は「前期的な国民主義」を克服し、日本人が対外的に自己決定する近代人となる革命であり、「アメリカの政治的・軍事的・経済的従属からの離脱の要求として現れるのは当然」だった。ここにはアメリカの占領状態を脱却して主権を回復しようという岸信介と共通のナショナリズムがあった。

他方で丸山は、主権国家は終わった制度であり、ナショナリズムを超える国家思想が必要だと書いている。一九六〇年三月に彼は「拳銃を……」という短いエッセイで、合衆国憲法修正第二条の「人民の自己武装権」についてこう書いている。

> こうした武装権が集合体としての「国民」の自衛権に、さらには「国家」の自衛権へといつの間にか蒸発してしまわないためには、本来この権利がいわゆる「人身の自由」(habeas corpus) の一環として、どこまでも個々人の武装権を意味していることを念のために附け加えておきたい[5]。

正当防衛が自然権だというのは自明ではない。その根拠について彼は「原始社会で各人が弓矢や刃物をたずさえて自分の責任で自分の身を護って来た記憶と経験に深い関係があるのではないか」という。そこで彼は「全国の各世帯にせめてピストルを一挺ずつ配給してはどうか」という。非武装ということは、もし外国に攻撃された場合は降伏するしかない。つまり平和主義は無抵抗主義しかありえない、という再軍備派の論理に対して、彼は（論理的には）無抵抗主義ではない非武装国家もありうるというわけだ。

これは一種の反語だが、丸山は武装自衛を否定したのではなく、戦前のように個人の自衛権が軍部に簒奪されることを恐れた。戦争を永遠に廃絶するには主権国家に依存した軍隊や日米同盟のような集団的自衛権ではなく、国連軍による集団安全保障が理想だと彼は考えた。

彼は絶対平和主義を主張したのではなく、主権国家や軍事同盟という近代の国家システムを批判し、国連軍による「世界の警察」を想定していた。晩年にも集団的自衛権という言葉を批判して、こう語っている。

生臭い問題で言いたかったのは、「集団的自衛権」という言葉は断乎否定すべきだ、ということです。国際連盟も国際連合も安全保障というのは一般的安全保障なんです。地域的安全保障というのは軍事同盟の別名なんです。軍事同盟を美化する言葉です。［中略］僕らが六〇年に安保に反対したのは、アメリカとの軍事同盟じゃないか、安全保障じゃないじゃないか、ということです。(6)

一般的安全保障（集団安全保障）ならいいが、軍事同盟（集団的自衛権）はだめだというのは意味不明である。国連憲章五一条では「加盟国に対して武力攻撃が発生した場合には、安全保障理事会が国際の平和及び安全の維持に必要な措置をとるまでの間、個別的又は集団的自衛の固有の権利」を認めており、軍事同盟は正当な（そして唯一現実的な）安全保障である。

丸山は主権国家をベースにした軍事同盟ではなく、人民の自己武装権を国家を介さないで結集する世界政府のようなものを考えていた。国連に上下両院を設け、現在の一国一票の国連総会を上院とし、下院は人口に比例した世界の人民投票で選ぶというが、彼も「夢みたいな話」と認めている。(7)

主権国家が軍事力を独占したのは二十世紀以降である。これによって人民の武装権は奪われ、暴力革命は不可能になった。主権国家の名による二度の大戦は、君主の名による戦争よりはるかに大規模になったので、主権国家を超える国連軍が必要だ。そのために自衛隊も改組すべきだ――という理想論は、のちに坂本義和なども主張したが、まったく実現する見込みはない。正式の国連軍はいまだに結成されず、アメリカが「世界の警察」の役割を果たす状況は変わらない。

核戦争が「互いに使えない兵器」となることによって戦争を抑止するという丸山の論理に従えば、対米従属を脱するには核武装するしかない。一九六〇年代までは、日本政府はそのオプションを残そうとした。安保条約の改正は鳩山一郎内閣以来の政府の懸案であり、重光葵外相は一九五六年に訪米してアメリカのダレス国務長官に「日米相互防衛条約」の日本案を見せている。そこには「日本国内に配備されたアメリカ合衆国の軍隊は、この条約の効力発生とともに、撤退を開始する」と書かれていた。(8)

一九五〇年代には、日本政府は安保条約を対等な条約に改正して、基地を撤去しようとした。それはソ連や中国と平和共存するために日米同盟を否定する丸山の発想とは逆に、NATOをモデルにした西側の軍事同盟をアジアにつくろうというものだった。日米交渉は秘密に進められ、挫折した。その最大の原因は、鳩山内閣が憲法を改正できないとアメリカ側がみたからだった。日米同盟と憲法が一体だとみた丸山の見通しは正しかったが、憲法を守っても日米同盟がある限り軍備は縮小しない。在日米軍をどうするかという問題意識は、丸山の発想から抜け落ちていた。

憲法第九条という逆説

「アジアに対する侵略の反省」という問題に、丸山はほとんどふれていない。それはもちろん日本軍がアジア太平洋で行った行為を正当化するものではなく、十九世紀と二十世紀では、戦争の概念が大きく変わったからだ。晩年の座談会で、丸山は「侵略という観念は、僕に言わせれば、第一次大戦後できた観念であって、その当時の法的概念でいえば特殊権益ですよ。他の国家に特殊権益を持ち、それが条約上認められた場合には、その特殊権益を侵すものがあったら軍隊で排除するのは、合法的なの」という。[9]

侵略という概念ができたのは一九二八年の不戦条約であり、その当時ヨーロッパ諸国のもっていた特殊権益を侵害する行為が侵略と定義された。したがって日本が一九一〇年に韓国を併合したのは侵略ではないが、一九三一年に満州国を建設したのは侵略とされた。

しかしリットン調査団は、日本の満州占領を既成事実として認め、関東軍の撤兵は求めなかった。これは今の核拡散防止条約と同じで、植民地は既得権として認め、報復の応酬を防ぐのが国際連盟の役割だった。当時、世界最大の植民地国家だったイギリスも、こういう「現実主義」を支援した。

さらに丸山は日米開戦について、いったん国際連盟が認めた満蒙の権益を、一九四一年になってハル・ノートで否定したアメリカにも責任があるという。

リットン報告書でさえ日本の特殊権益は認めている。ただ自衛権の範囲を逸脱していると。日本は怒って国際連盟を脱退しちゃう。脱退することないんですよ。自衛権は認めているんだから。［中略］ところがアメリカは権益をもっていないから、［一九二二年の］九ヶ国条約を振り回すわけですよ。九ヶ国条約は国際連盟以後だから、権益否定の論理に立っているでしょ。中国から満州を含めて全面的に撤兵。それをあの段階［一九四一年］で言い出すわけです。これはワイズではないですね。[中略]和平派の東郷茂徳でさえサジを投げたのは、ハル・ノートなんです。[10]

三国同盟があったので、ハル・ノートがなくても日本は対米戦争をやっただろうと丸山は認めるが、それでも「アメリカが百パーセント正しかったと言えるかというと、アメリカはワイズではなかったですね」という。当時の陸軍の中でも田中新一(参謀本部第一部長)などの強硬派は圧倒的多数ではなかったので、アメリカが「満州までの撤退」を求めていれば、日米開戦はなかったかもしれない。

丸山が追究した大きな問題は、主権国家の限界だった。彼の理解によれば、主権国家が成立したのは第一次大戦後に国際連盟ができたときだが、それは生まれたときから矛盾を抱えていた。国内的には「その上に立つ権力のない至高の権力」である主権国家は、定義によって国家間の紛争を調停する制度をもちえない。国家の上に立つ「世界の警察」は存在しないからだ。

憲法第九条は前衛的意味がある。つまり、今までの主権国家を前提にするならば、清水[幾太郎]さんが正しい。「日本よ、国家たれ」というのは正しい。従来の伝統的定義からすれば、国家じゃないんです、これ[日本国憲法]は。日本の行き方からすれば、国家の定義を改変するか、それとも国家じゃないというか。二者択一なんですね。[11]

彼は晩年に至るまで憲法第九条を否定しなかったが、それを「前衛」とか「逆説」という言葉で語るようになった。およそ国家が非武装で自衛することは不可能だから、それを可能にするには日本が国連中心主義に徹するしかない。具体的には憲法を改正して日本に自衛隊とは別の国連軍を駐留させることも選択肢だと考え、「こういう条件がかなえば、憲法改正の議論も自由にしていいです」という。(12)

だが現実の国連は、彼の夢見た方向とは逆に、小国が総会を支配し、大国が安保理事会で拒否権を行使するため、ほとんど機能しなくなった。アメリカは国連の負担金も滞納し、独自の世界戦略をとるようになった。アメリカの国益を最大化するには、「世界の警察」から撤退することが合理的である。彼らの守る「公益」は世界が等しく享受するので、アメリカが国際公共財を提供することは合理的ではない。

このようにアメリカが合理的に行動すると、北朝鮮や「イスラム国」も軍事的な冒険を試みるだろう。この国際秩序を維持しているのは、各国のエリートによるリベラルな共同体だが、トランプ大統領の破壊しているのはその共同体である。リベラルな貴族が敗北し、世界がホッブズ的アナーキーに戻っていくと日米同盟も解消される可能性もある。主権国家の上に立つ世界政府がないと、均衡状態はアナーキーしかないのだ。(13)

国家に依拠しないで人民が世界を統治するという丸山の理想は、南原から受け継いだカント的な世界政府論だが、見通せる未来に実現する可能性はない。国際法は「ヨーロッパ公法」を世界に拡大した擬似的な普遍主義にすぎないとシュミットが批判した通り[14]、文明を超えて全世界に通用する普遍的秩序は存在しないのだ。

収斂しなかった冷戦

リベラルな国際秩序は、冷戦の時代に維持できるのだろうか。講和論争のころの丸山の信念は平和共存だった。彼は一九五〇年に、次のように断定した。

ロシア革命は、政治的自由の制限という貴重な代価を支払わねばならなかった。そこにはらまれた矛盾が、結局今日における米ソの対立に集中的に表現されるに至ったのである。この矛盾が一方の体制への他方の体制の全面的吸収という形によらずに打開される途は、アメリカ民主主義が一層計画原理を導入して、大企業(big business)をコントロールし、失業の駆逐に向うと同時に、ソ連共産主義がその専制的閉鎖的性格を緩和し、市民的政治的自由を伸張する方向を辿ること以外にはない。[15]

これは一九七〇年代まで有力な見方だった「収斂」論である。そこではアメリカの大企業で所有と経営の分離が進み、経営陣が社会主義的な官僚機構になるという。[16]他方で社会主義圏では市場経済の導入が進んだので、両者が収斂するのは必然だと思われていた。米ソが軍縮交渉を行うデタント（緊張緩和）も、こうした収斂論から出てきた発想だった。それは核戦争のリスクを減らす意味でも望ましいことであり、丸山は一貫してそういう立場を取り続けた。

しかし収斂は起こらなかった。西ヨーロッパでは社民が政権を取ったが、東ヨーロッパではソ連が民主化運動を弾圧したからだ。それは資本主義と社会主義の争いではなく、デモクラシーと独裁の争いだった。一九八〇年代には社民的な「大きな政府」への批判が高まってサッチャーやレーガンなどの「保守革命」が起こり、収斂論はいわれなくなった。経済的には小国になったソ連が軍備の負担に耐えられなくなって崩壊したのは、八〇年代末だった。冷戦は収斂ではなく、社会主義の敗北という形で終わったのだ。これは丸山にとって不本意な結果だった。彼は一九九一年の座談会でこう嘆く。

マスコミはひどいですよ、「社会主義の滅亡」とか「没落」とかね。［中略］マスコミの歴史的知識のなさを、今度ほど露わにしたのはないんじゃないですか。ソ連というのは、まず狭い定義からいうと、理念と現実という問題があるわけです。ソ連はレーニン主義の理念にどこまで忠実であるのか。［中略］もう少し問題を広げますと、レーニン主義というものはマルクス主義の必然の、それ以外にあり得ない発展なのか。(17)

ソ連はマルクスの思想の正統的な後継者ではなく、ツァーリズムなどの「ロシア的現実」への適用だという点は、丸山も一九五〇年代から認めていた。したがって彼はスターリニズムが崩壊したのであって、社会主義という理念が崩壊したのではないというが、そういう「正しい社会主義」の可能性はあったのだろうか。

社会保障を拡大する「福祉国家」という意味では社会民主主義は実現したが、それは単なる所得の再分配であり、マルクスの考えていた「社会的所有」や「国家の廃止」とは異なる。プロレタリアートがみずからの主人公になるというマルクスの理想は、いまだに世界のどこでも実現されたことがない。

丸山の考えていた社会主義はそれほど理念的なものではなく、社民的な再分配政策だったと思われるが、日本ではそれさえできなかった。社会党はソ連型社会主義にこだわったあげく、それを捨てて「平和憲法」の党になった。

丸山はこうした一国平和主義の元祖だと誤解されているが、彼は過去にもそういう発言をしたことがない。一九五〇年代には憲法改正に反対したが、それは「時期尚早」という理由だった。晩年には、彼は憲法改正にも反対しなくなった。

今の日本の問題提起が、マスコミ、社会党も含めておかしいのは、日本国憲法を守れという一国平和主義。つまり一国平和主義対ＰＫＯ反対という対立になっている。こんなおかしなことはないんですよ。国連至上主義でいいんだ。国連至上主義を貫くためには、国連の機構を根本的に改革しないといけない。[18]

ここで丸山はＰＫＯ（国連平和維持活動）のような「国連至上主義」に賛成し、集団安全保障が未来の国家の姿だと考えている。この立場から、彼は社会党やマスコミの「一国平和主義」を強く批判し、「社会党はホントにバカだと思う」とか「知的水準が低い」などと罵倒している。[19]主権国家に限界が見えていることは事実だが、国連が集団安全保障システムとして機能するかどうかは疑問だ。武力に依拠する国家の均衡は、武力でしか実現できない。それを超えるのは、経済のグローバル化かもしれない。

高度成長の見落とし

戦後の政治体制を「五五年体制」と呼ぶことが多いが、保守合同のころは自民党と社会党の勢力は拮抗しており、社会主義政権ができる可能性もあった。安保条約についても社会党の右派には容認論が多く、憲法についても本質的な議論が行われていた。それが六〇年安保で変わった。岸内閣のタカ派路線に対して野党が「護憲勢力」に特化する一方、自民党が池田内閣から経済優先に転向して野党に圧倒的な差をつけ、一党支配になる。これを北岡伸一は「六〇年体制」と呼んでいる。[20]

丸山は六〇年代以降、政治とのかかわりを断った理由について「高度成長を見越してないんですから、これが最も誤った点です。こんなに豊かになるとは、思いもよらなかった[21]」と誤算を率直に認めている。五〇年代には貧困が切実な問題で、労働組合から近代的個人が育つことを彼は期待していたのだが、それは間違いだった。労働者の貧困を解決したのは成長であり、それをもたらしたのは自民党の守った資本主義だった。

七〇年代には日本経済の強さを賞賛する「ジャパン・アズ・ナンバーワン」的な言説が流行し、日本の「家」社会をその成功の原因として賞賛する保守派文化人が出てきた。彼らは資本主義でも社会主義でもない「日本型多元主義」が高度成長の原因だとして自民党を擁護した。皮肉なことに、万年与党と万年野党の固定された（本来の意味での民主主義とはほど遠い）五五年体制において、L正統としての新憲法が確立されたのだ。それは丸山にとっては、天皇主権の復活を阻止する闘いの勝利だったが、永久革命としての民主主義の終わりでもあった[22]。彼はすでに一九六四年に、こうした変化を察知していた。

> 「新憲法」は今日相当広い国民層において一種の保守感覚に転化しつつあり、この微妙な変化を見誤ってもっぱら「押しつけ憲法」というスローガンに依拠していたことに保守政党の致命的な錯誤があった[23]。

丸山にとって新憲法は、思いがけず占領軍から与えられた恵みであり、自民党政権のもとでそれを改定することは、必ず改悪につながるとの思いがあった。彼は一九五四年に発表された自由党の憲法調査会の憲法改正要綱に国民主権の規定がなく「天皇を元首とする」と規定していたことを警戒した。[24]

憲法改正は岸信介に代表される「悪い日本」の復活を意味すると考え、丸山を初めとする知識人は国民の「保守感覚」を利用して憲法を現状維持した。奇妙な一国平和主義が人々の中に定着し、自民党もそれに迎合して憲法改正をいわなくなった。この戦後日本の国体は、アメリカに依存して安価な平和を維持したという意味では成功だったが、日本人の国家意識を大きくゆがめる結果になった。今さら憲法の条文を改正しても、それは変わらない。一国平和主義は、日本人の心に深く刻まれたからである。

自発的結社の幻想

丸山が戦後民主主義の担い手として期待したのは、労働者の自発的結社だった。それは大衆社会のばらばらの「原子論的個人」ではなく、地域や企業を超えて連帯する自覚的な個人の集まりとして、デモクラシーを支える主権者となるはずだった。彼は一九五二年の論文をこう結んだ。

長時間労働で身心を使い果し、しかも失業の恐怖に不断に襲われている勤労者にとっては、組合への関心すらも非日常的になりがちでしょう。そうなると結局民主主義が現実に民衆の積極的な自発性と活潑な関与によって担われるためには、どうしても国民の生活条件自体が社会的に保証され、手から口への生活にもっとゆとりが出来るということが根本だということにならざるをえません。(25)

労働者が政治に無関心なのは「手から口へ」の貧しい暮らしを続けているからであり、彼らが豊かになれば労働組合を支持するようになる。革新政党が弱いのは労働者が貧しいからで、その生活にゆとりができれば彼らの政治意識は高まり、労働組合が近代的個人を結集する自発的結社になる——と丸山は予想したが、そこには致命的な見落としがあった。

一九八四年の座談会で、彼は「非政治的自発性が重大だという観点を抱いたとき、組合官僚化と、ある意味での労働貴族化というものが、これほどになるとは夢にも思わなかった」と誤りを認めている。労働者が豊かになれば政治的関心が高まると彼は考えたが、現実は逆だった。

労働者が安保闘争に敗北したころから、世界史上空前の高度成長が始まった。池田勇人首相が一九六〇年に唱えた「所得倍増」というスローガンを上回り、一九七〇年の実質ＧＤＰ（国内総生産）は一九六〇年の二・三倍になったが、労働者は保守化した。それは彼らに失うものができたからだ。

戦後の知識人は、日本のような貧しい国では所得を平等に分配することが大事だと考え、社会主義を支持した。自覚した労働者を指導するのは、労働運動で賃上げを獲得する労働組合だった。しかし彼らの予想をはるかに上回って日本経済は成長し、労働者は豊かになった。丸山はこういう問題に無自覚だったわけではなく「現代民主政治がこうした原子論的に解体された大衆の行使する投票権に依存しているところに、形式的な民主主義の基盤の上に実質的な独裁政が容易に成立するゆえんがあります[26]」と書いた。

このような「原子論的な大衆化」に抵抗する拠点として丸山が想定したのが、主権者としてのエートスをもつ労働者の自発的結社だった。労働者は無力な重臣リベラルとは違って政党を動かす力をもち、政権を担う政党をもっていると丸山は考えたが、幻滅に終わった。革命が終わると官僚機構になってしまうのは、国家も労働組合も同じである。

終章
永久革命の終わり

一九五〇年代以降の安保論争は、壮大な政治的資源の浪費だった。再軍備によって占領統治を終えていたら（あるいはＮＡＴＯのように双務的な軍事同盟にしていたら）起こらなかった神学論争が、その後六十年以上も続けられている。平和主義の論陣を張った知識人は、丸山を初めとして党派の違いを超えた知的エリートだったが、歴史的には敗北した。彼らはどこで道を間違えたのだろうか。

労働者にとって外交や国防は大きな関心事ではなかった。人民を豊かにしたのは労働組合ではなく資本主義であり、「持てる者」になったサラリーマンは、既存秩序を維持する自民党の支持層になった。主権者は失われたが、新憲法はなし崩しの正統性を得てそれを守る運動は不要になった。皮肉なことに、日本人の「古層」にあった既成事実への屈服が、憲法改正の最大の障害となったのだ。

総力戦なき総力戦体制

丸山にとって一九四五年八月十五日は、日本軍国主義に終止符が打たれた「革命」の日だった。占領軍のもたらした人民主権を守り、戦前の国体がよみがえるのを防ぐことが自分の使命だ、と彼は考えたのだろう。敗戦というドラマを体験した人には避けられないことだが、歴史の劇的な断絶が強調され、連続の側面は見逃されがちだ。戦後改革はゼロから始まった革命ではなかった。

戦時体制が一枚岩だったわけでもない。国家総動員法は資金を政府と指定金融機関に集中して「所有と経営の分離」によって経済力を総動員する国家社会主義だったので、財閥はそれに強く抵抗した。一九四一年の企画院事件のように、財閥が革新官僚を弾圧したケースもあった。大政翼賛会に反対したのは財閥を中心とする自由主義の政治家で、一九四二年の翼賛選挙でも、四六六議席のうち八五議席は翼賛会非推薦だった。(1)

非推薦議員には鳩山一郎や河野一郎もいたが、彼らは敗戦は時間の問題だと知っていたので、平和主義者だったわけではない。戦時体制の中枢だった革新官僚が、敗戦によって政権を掌握することを恐れたのだ。東條内閣は一九四四年七月に倒れ、戦争の責任は東條がすべて負う形になったが、それを倒した鳩山らも公職追放された。この権力の空白で首相になった吉田茂は、マッカーサーの威を借りてアメリカ主導で戦後復興をやらざるをえなかった。

敗戦によって陸海軍は解体されたが、官僚機構は内務省以外は温存された。財閥解体や農地改革は、戦時中から革新官僚の考えていたものだった。戦後改革の中枢は実質的には大蔵省で、占領軍の経済政策は彼らが立案したものだった。(2) 大蔵省は予算編成権で官庁を支配下に置いただけではなく、メインバンクを通じて日本経済を指導した。

岸信介の指導した軍需省は、通商産業省として産業政策の司令塔になった。農地改革を指導したのは和田博雄（のちの社会党副委員長）などの革新官僚であり、その中核となった農業協同組合は、戦時体制でできたものだった。それは財閥や地主に集中していた資本を労働者に再分配して政府のもとに集中し、成長のために総動員する体制だった。高度成長は、いわば総力戦なき総力戦体制で可能になったのだ。

敗戦によって公職を追放された戦時体制の幹部は、冷戦の激化にともなって公職に復帰した。一九四〇年代末には岸信介、賀屋興宣、迫水久常などの革新官僚が保守政治家として復権する一方、レッド・パージで「逆コース」が始まった。丸山はこのときの危機感を「ぼくらが戦後解放感を味わったのはいわば瞬間にすぎない。たちまちレッド・パージ問題の時代にとってかわられる。追放という意味が完全に逆転するわけです」[3]と語っている。

彼はマッカーシズムのような赤狩りが日本でも起こることを真剣に恐れ、こうした逆コースに抵抗することが知識人の使命だと考えた。それが政治参加に禁欲的だった彼が、例外的に全面講和の運動に参加した動機だったが、この点は吉田茂も同じだった。英米派だった彼は外務省の傍流で、革新官僚や陸軍統制派をきらっていた。彼は平和運動を利用して再軍備を拒否し、日本の防衛をアメリカに肩代わりさせたのだ。

社会保障も、総力戦の生んだものだ。健康保険は日中戦争が拡大するとき、傷痍軍人の治療費を政府が負担するために創設した制度で、年金制度も軍人恩給から始まった。大塚久雄や大河内一男は社会政策の立場から国家総動員法に賛成し、産業報国会を高く評価した。世界恐慌で農村が疲弊したことに怒った青年将校がクーデタを起こしたため、日本でも健康保険ができた。内務省から厚生省が独立したのは、日中戦争の開戦直後だった。(4)

労働者には老後の保障がないことを無産政党が批判し、革新官僚がそれに応じて年金制度を創設した。社会保障は国民を総力戦に動員する体制であり、そのリーダーが大塚や大河内などのリベラルな知識人だった。彼らにとって社会政策は、資本主義で疎外された労働者を国家が救済する制度だった。学生時代の論文で「弁証法的な全体主義」を展望した丸山も、それと大きく違う立場ではなかった。

厚生省は兵士を増やすために「産めよ殖やせよ」の人口政策を取ったため、終戦直後に人口は五年で千万人以上も増えた。これに対して政府は優生保護法を改正して堕胎を解禁したため、出生数が三分の一に激減し、この極端な人口の増減が今、超高齢化として顕在化している。社会保障のひずみをつくりだしたのも総力戦体制だった。(5)

いま日本が迫られているのは、こうした「戦時レジーム」の清算である。それは丸山が論じた危機の問題とは違う日常的で退屈な所得分配の問題だが、デモクラシーの根幹にある「代表とは何か」という問題を問い直している。議会が主権者たる国民の意思を代表するというのは、しょせんフィクションだが、現在世代が巨額の政府債務によって子孫から所得を移転して社会保障で消費するとき、子孫の意思は誰に代表されているのだろうか。

デモクラシーは永遠か

丸山はデモクラシーをあえて民主主義と呼び、その理念としての面を強調したが、それは国民を戦争に総動員するための統治形態である。その意味では昭和の日本はデモクラシーとして成功したが、それは政治の劣化をもたらした。昭和初期には松島遊郭事件や陸軍機密費事件や朴烈事件などのスキャンダルが帝国議会で問題になり、多くの内閣が倒れて政党政治が不安定化した。(6)

普通選挙による議会は身分制議会と違って党派と有権者の身分が対応していないため、小党分立や政治的混乱が起こりやすい。士族中心の政友会が「富国強兵」路線だったのに対して、地主を中心とする民政党は「小さな政府」路線を取り、浜口内閣は一九二九年に金解禁で大恐慌を増幅し、失業者が大量に出て、農村では餓死や身売りも出た。これに対して軍部は対外的拡張主義で危機を乗り切ろうとして満州事変やクーデタ未遂事件(十月事件)を起こし、政友会の犬養内閣ができた。無産政党は票を集めることができなかったが、労働争議や小作争議が激増し、社会不安が広がった。

普通選挙と同時にできた治安維持法では「国体を変革し又は私有財産制度を否認することを目的として結社を組織」することを禁止したが、この「私有財産制度を否認する結社」とは共産党のことだった。このように階級対立が先鋭化したところに、これを乗り超えて「挙国一致」をとなえる軍部が台頭し、政友会と連携した。

こうして軍部の力を借りて危機を乗り切ろうとする内閣に革新官僚が呼応し、総動員体制を取るために軍事的な雇用創出や賃金の国家統制などの社会政策を取った。農村の窮乏化を領土拡大で解決するため、陸軍が大陸に進出したのが一九三一年の満州事変である。翌年には陸軍の青年将校が五・一五事件でクーデタを図ったが、国民は軍部を熱狂的に支持した。この三〇年代前半が世論の転換点で、政党も軍部に迎合するようになった。大衆がストレスを発散する最大の劇場が戦争だったからだ。

この状況で民意を統合する新聞の役割は大きかった。一九三一年五月まで朝日新聞は軍縮派だったが、この年九月に満州事変が起こると、大阪朝日の社説はこれを「自衛権の行使」として擁護した。その動機は単純である。満州事変で、部数が五〇%も増えたからだ。大規模な戦場のスペクタクルと、そこで戦う息子の安否を知りたい親心から、人々は競って新聞を読んだ。総力戦はデモクラシーから生まれたのだ。

戦前の国体に代わって丸山が再建しようとした人民主権は、その根底に論理的な弱点をはらんでいた。議院内閣制では、国民が選出した国会議員が内閣総理大臣を選び、彼が行政の最高責任者として国民を支配するが、ここでは至上の主権者たる国民が支配される側になるという循環論法がある。行政の専門家ではない民衆が、統治者として賢明な判断をする保証はどこにもない。

丸山も自覚した通り、これは近代国家にとって避けられないパラドックスである。それを国民の自覚で乗り超えようとするのが彼の永久革命だったが、これは知識人の観念にすぎない。冷戦が終わって長く平和が続くと、国民が主権者として決断するという丸山の理念は忘れられ、平和憲法と日米同盟という戦後日本の国体が定着した。

天下国家を論じるロマン主義はエリートだけのもので、終戦直後のような危機でしか続かない。凡人は永久革命の緊張には耐えられないのだ。ほとんど実現しなかった丸山の政治的主張の中で、憲法という既成事実だけが残ったのは皮肉である。丸山は政治的には敗北したが、思想的には（彼にとって不本意な形で）勝利したのかもしれない。

デモクラシーが世界の支配的な統治形態になったのは、第一次大戦以降の百年ぐらいのことで、二十一世紀にそれがもっとも効率的かどうかはわからない。ウィンストン・チャーチルは「デモクラシーはこれまで試された他の形態を除いて最悪の政治形態である」といったが、それ以外のすべての政治形態が試されたわけではない。

丸山が希望を託した国連は、当時も今も無力な国際機関であり、国連軍などの集団安全保障が世界政府のような役割を果たす日は来ないだろう。他方、彼の嫌悪した日米同盟は強固になり、それなしで日本の防衛は不可能になった。それはアメリカの核戦略に組み込まれた半主権国家だが――プライドさえ捨てれば――主権国家より効率的な「国のかたち」かもしれない。

憲法改正は、もはや日本政治の本質的な問題ではない。

冷戦は終わったが、資本主義のグローバル化が政治体制の収斂をもたらすようにはみえない。今も独裁国家は民主国家より多く、それが逆転する兆しもない。ヨーロッパ的なデモクラシーが文化を越えた普遍性をもつという丸山の信念は、戦後の知識人の願望でしかなかった。日本の政治の末期的な状況は、普通選挙と政党政治によるデモクラシーの限界を示している。

総力戦の時代も終わった。二十一世紀の戦争の主役は、核兵器と電子兵器である。ロボットやドローンが主力となる戦争では、歩兵を総動員する民主国家より意思決定の速い独裁国家のほうが強いかもしれない。北朝鮮をみればわかるように、戦力が経済力に比例するという二十世紀の常識も疑わしい。それは丸山の視野をはるかに超える問題だが、二十一世紀に国家のあり方が大きく変わるだろうという彼の見通しは正しいように思われる。

戦後の国体の呪縛

非同盟と非武装を混同した丸山の理想主義は、戦後の左翼をミスリードした。終戦直後は社会党の中でも再軍備を求める勢力が多かったが、全面講和の運動が大衆の共感を呼ぶと社会党は分裂し、左派社会党が優位になった。一九五五年の統一では右派も全面講和に転じ、衆議院の三分の一を超えて再軍備を阻止した。

その後も社会党が護憲の方針を維持したのは、これが左右対立の続く党内で唯一の一致点だったからだ。活動家の中ではプロレタリア独裁をめざす社会主義協会が主導権を握ったが、「当面は憲法を守る」という点だけは共産党とも一致したので、七〇年代には都市部で社共共闘が成立し、革新自治体ができた。

多くの選挙で野党が共闘する「最小限綱領」として憲法は次第に大きな役割を果たすようになった。当初は綱領で憲法改正を明記していた共産党もそれを封印し、社会主義という言葉は使わなくなった。残されたのは、平和主義という誰も反対できない心情倫理だった。社会党の議席は一九五八年の総選挙での一六六議席が最高で、その後も民社党などを合わせても半数に遠く及ばなかった。その成長を阻んだのは、六〇年安保の成功体験だった。国会では多数を取れなくても街頭デモの「直接民主主義」で岸内閣を倒し、それなりの党勢を確保できるようになったからだ。

同じ時期にヨーロッパの社会主義政党は、社民に転換して政権政党への脱皮をはかった。ドイツの社会民主党も五〇年代には左右対立が激しかったが、一九五九年のゴーデスベルク綱領で「階級闘争とマルクス主義を放棄する」と明記し、再軍備に賛成して国民政党への脱皮に成功した。

日本でも与野党が話し合えば憲法は改正できたが、野党は平和憲法に呪縛され、分裂を繰り返した。その原因は中選挙区制だといわれたが、一九九四年に小選区制に改正しても変わらなかった。万年野党が結集できない原因は平和憲法だった。それを封印した民主党政権が政権交代を果たした後も憲法をめぐる対立は続き、最近は野党は社会党に先祖返りしている。

戦後の国体の二重構造は、統治機構にもある。「表の国体」では主権者たる国民の負託を受けた国会が内閣（行政）を支配する議院内閣制だが、現実には行政実務の大部分は官僚の裁量で決まる。明治憲法の顕教（表の国体）だった天皇主権は、新憲法では国民主権に変わったが、権力分立的な官僚支配という密教（裏の国体）は同じである。

こういう状態で「統帥権の独立」した軍部が独走したのが戦前の失敗だが、戦後の日本はそうならない。軍事的な「裏の主権」は、日米同盟で日本の守護者となったアメリカにあるからだ。この変則的な構造は意図的につくられたものではなく、一九五一年に安保条約で米軍の駐留を続ける一方、日本が再軍備しなかったためにできた意図せざる結果であり、日本にとってもアメリカにとっても不本意なものだった。

だが、憲法と自衛隊・安保条約の矛盾は、政権をあきらめた野党が自民党を攻撃する最大の材料になった。自民党も池田内閣以降は「低姿勢」になり、解釈改憲でなし崩しに再軍備が進んだ。国会対策で野党を尊重する慣行も、このころできた。無能な野党を「生かさぬよう殺さぬよう」飼い慣らすことが、自民党の知恵になった。丸山を初めとする進歩的知識人は、万年野党を正統化する守護神の役割を果たしたのだ。

このように表と裏の国体は、一九七〇年代までは内政と外交で補完的に機能していた。それは高度成長期に税収が増え、冷戦の中で日本がアジアにおける「自由陣営」の橋頭堡として重要な役割を果たしているときは、それなりに機能したが、八〇年代に日米の経済的な対立が深まり、冷戦が終わったため、アメリカは日本に軍事的な自立を求めるようになった。

その外圧によって日本を「普通の国」にしようとしたのが、一九九〇年代以降の小沢一郎の政治改革だった。このとき小選挙区制だけでなく、官邸機能の強化や政治主導も打ち出されたが、その中心となる小沢が政権から転落したため、中途半端に終わった。官邸主導を法制化したのが橋本龍太郎内閣の行政改革だったが、これも官僚機構の抵抗で挫折した。これを内閣人事局の人事権で実現したのが第二次安倍晋三内閣だが、これも「安倍一強」に対する官僚機構の抵抗に遭遇している。権力の分立によって「決められない政治」を作り出す明治憲法以来の国体は、今も変わらない。

軍事的な主権を放棄した日本は、アメリカの世界戦略に従属する状態にずっと置かれることになった。一国平和主義は日本人の心の中に深く住みつき、憲法を変えただけでは変わらない。もはや日本が二十世紀型の主権国家として自立することは不可能だが、それが唯一の「普通の国」のモデルとは限らない。国民主権も平和憲法もフィクションだが、それは平和が続く限り役に立つフィクションである。

今は日本にとって、この変則的な戦後の国体を護持する以外の選択肢はないだろう。それは「憲法改正は時期尚早だ」と主張して、それを既成事実として守った丸山の戦術の成功による失敗だった。彼も認めたように憲法第九条は逆説であり、今後も逆説である他はない。丸山は一九九六年八月十五日、彼の信じた革命の歴史を閉じるかのように世を去った。

註

はじめに

（1）篠田英朗『集団的自衛権の思想史』風行社。
（2）レヴィ＝ストロース『生のものと火を通したもの』序曲、みすず書房。

序章

（1）丸山『回顧談』上、五一〜五二頁。
（2）丸山「昭和天皇をめぐるきれぎれの回想」集十五、二二頁。
（3）丸山「思想史の方法を模索して」集十、三三〇頁。
（4）マルクスは「フォイエルバッハに関するテーゼ」で「人間的本質は、その現実性においては社会的諸関係の総体である」と書いており、この社会的諸関係がヘーゲルの絶対精神に相当する。廣松渉『マルクス主義の地平』勁草書房。
（5）マンハイム『イデオロギーとユートピア』中央公論新社。
（6）丸山「政治学に於ける国家の概念」集一、三一頁。
（7）丸山「如是閑の時代と思想」座談九、二〇〇頁。

第一章

（1）丸山「近世儒教の発展における徂徠学の特質並にその国学との関連」集一、一二七頁。
（2）丸山『回顧談』上、二五九〜二六〇頁。
（3）植手通有『丸山眞男研究』あっぷる出版社。
（4）丸山「近世日本政治思想における「自然」と「作為」」集二、八〇頁。
（5）丸山「「日本政治思想史研究」英語版への著者序文」集十二、七八〜七九頁。
（6）同、集十二、九八頁。
（7）丸山「近世日本政治思想における「自然」と「作為」」集二、四五頁。
（8）M. A. Gillespie, *The Theological Origins of Modernity*, University of Chicago Press.
（9）恒木健太郎『「思想」としての大塚史学』新泉社。
（10）池田信夫『資本主義の正体』ＰＨＰ研究所。
（11）丸山「国民主義の「前期的」形成」集二、二六四〜二六五頁。

第二章

（1）丸山『話文集』続四、二一三頁。
（2）丸山「昭和天皇をめぐるきれぎれの回想」集十五、

三三頁。

（3）「天皇制」という言葉を最初に使ったのは日本共産党（あるいはコミンテルン）だといわれるが、その起源ははっきりしない。丸山が政治学用語ではない天皇制という言葉を一貫して使ったのは、それが人為的な制度であることを強調するためだと思われる。

（4）丸山「「現代政治の思想と行動」第一部追記および補註」集六、二四七頁。

（5）丸山「超国家主義の論理と心理」集三、二三～二四頁。

（6）シュミット「レヴィアタン」（『カール・シュミット著作集2』慈学社）

（7）丸山「超国家主義の論理と心理」集三、三三頁。

（8）同三六頁。

（9）丸山「軍国支配者の精神形態」集四、一三〇～一三一頁。強調および感嘆符は丸山。

（10）牛村圭『「文明の裁き」をこえて』中央公論新社。

（11）丸山「軍国支配者の精神形態」集四、一一六～一二〇頁。

（12）丸山「日本ファシズムの思想と運動」集三、二九七頁以下。

（13）伊藤隆『大政翼賛会への道』講談社。

（14）「日本ファシズムの思想と運動」集三、三〇四～三〇五頁。

（15）丸山「ファシズムの諸問題」集五、二五七頁。

（16）アーレント『全体主義の起原1』みすず書房。

（17）片山杜秀『未完のファシズム』新潮社。

（18）丸山「肉体文学から肉体政治まで」集四所収。

（19）同二一九頁。

第三章

（1）宮沢「八月革命と国民主権主義」（『世界文化』一九四六年五月号）。

（2）宮沢は東京帝大の憲法研究委員会の委員長で、その書記だった丸山がこの言葉を使い、それを彼の了承を得て論文に使ったと『丸山眞男集』の年譜には書かれているが、丸山の著作にも座談にも「八月革命」という言葉は出てこない。

（3）丸山『話文集』続四、二二八頁、強調は引用者。

（4）三人以上の人の意思を集計して一貫した意思決定を行う民主的な手続きは存在せず、誰かの意思を優先する「独裁的」な意思決定が必要である。K・J・アロー『社会的選択と個人的評価』勁草書房。

（5）丸山「憲法第九条をめぐる若干の考察」集九。

（6）丸山「昭和天皇をめぐるきれぎれの回想」集十五、二八頁。

（7）宮沢「大政翼賛会の法理的性格」『改造』一九四一

年一月号。
（8）丸山『回顧談』上、第五章。
（9）篠田英朗『ほんとうの憲法』筑摩書房。
（10）第九〇回帝国議会（一九四六年六月）議事録。
（11）丸山・福田歓一編『聞き書　南原繁回顧録』東大出版会、三五〇頁。
（12）丸山「五・一九と知識人の「軌跡」」集十六、三三三～三四頁。
（13）丸山「「である」ことと「する」こと」集八、二五頁。
（14）トロツキーのいう永続革命は、ブルジョア革命から社会主義革命へと連続的に革命が起こり、それが世界革命につながるという議論で、永久に革命が続くという意味ではない。トロツキー『永続革命論』岩波書店。
（15）丸山「近代日本の知識人」集十、二六四頁。
（16）同二六五頁。
（17）丸山「戦後民主主義の「原点」」集十五、六四頁。丸山は国に先立って人民が授権されて主権者になるという解釈から、「国民主権」という言葉を使わない。
（18）リンカーンのゲティスバーグ演説の“government of the people, by the people, for the people”の最初の“of the people”を「国民に由来する」と解釈すると、次の“by the people”と同じ意味になってしまうので、people は govern の目的語と解するのが通説である。
（19）丸山『話文集』三、三四四頁。
（20）加藤聖文『国民国家と戦争』角川書店。

第四章

（1）ジョン・ダワー『吉田茂とその時代』中央公論新社。
（2）波多野澄雄『歴史としての日米安保条約』岩波書店。
（3）「平和のために社会科学者はかく訴える」『世界』一九五二年一月号。
（4）奥武則『論壇の戦後史』平凡社。
（5）丸山「三たび平和について」集五、一〇頁。
（6）丸山「サンフランシスコ講和・朝鮮戦争・六〇年安保」集十五、三二八頁。
（7）丸山「三たび平和について」集五、一六頁。
（8）高坂正堯『宰相吉田茂』中央公論新社、五三～五四頁。
（9）丸山「「現実」主義の陥穽」集五、二〇一頁。
（10）「「スターリン批判」の批判」『世界』一九五六年十一月号。
（11）「スターリン批判における政治の論理」集六、二四六頁。
（12）同二二三頁。
（13）丸山「サンフランシスコ講和・朝鮮戦争・六〇年安保」集十五、三三五頁。
（14）邸静『憲法と知識人』岩波書店、一六二頁。
（15）P. J. Katzenstein, *Policy and Politics in West Germany: The*

Growth of a Semisovereign State, Temple University Press.
(16) 丸山「憲法第九条をめぐる若干の考察」集九、二五八頁。
(17) 佐藤誠三郎『「死の跳躍」を超えて』千倉書房、三三八頁。
(18) 丸山「憲法第九条をめぐる若干の考察」集九、二七七頁。
(19) 竹内洋『革新幻想の戦後史』中央公論新社。
(20) 福田恆存「平和論の進め方についての疑問」『中央公論』一九五四年十二月号。
(21)「思想のあり方について」集七、一六〇頁。この「著名な文学者」は福田で、「著名な社会科学者」はマルクス主義者の平野義太郎(福田が実名を出している)だが、後者が清水のことと誤解された。
(22) 福田『近代の宿命』文藝春秋、八一頁。

第五章

(1) 丸山『回顧談』下、二四〇頁。
(2) 丸山「安保闘争の教訓と今後の大衆闘争」集八、三二九頁。
(3) 丸山「この事態の政治学的問題点」集八、二八八頁。
(4)『岸信介証言録』中央公論新社。
(5) 丸山「選択のとき」集八、三四七頁。
(6) 丸山「復初の説」集八、三五六頁。
(7)『岸信介証言録』、三〇二頁。
(8) 丸山「日本の進む道」別集二、二五四頁。
(9) P. A. Samuelson, *Economics*, 5th Edition.
(10) 梅本克己・佐藤昇・丸山『現代日本の革新思想』座談六。
(11)『現代政治の思想と行動』増補版への後記」集九、一八四頁。
(12) 前出「現代日本の革新思想」座談六、一六二頁。
(13) 伊東祐吏『丸山眞男の敗北』講談社。
(14) 佐高信・早野透『丸山眞男と田中角栄』集英社。
(15) 丸山『座談』二、二三四頁。
(16) 前出『論壇の戦後史』。
(17) 吉本は「収拾の論理」という一九七〇年のエッセイで丸山が「君たちのような暴挙はナチスも日本の軍国主義もやらなかった」と口走ったと書いたが、丸山が研究室に乱入した学生に対峙するという状況はなかった。吉本は出典を「新聞」としか書いていないが、それに近い報道は安田講堂の封鎖解除直後の丸山の次のような発言である。「建物ならば再建できるが、研究成果は……。これを文化の破壊といわずして、何を文化の破壊というのだろうか」(毎日新聞一九六九年一月十九日付)。

(18)丸山『回顧談』下、二五〇頁。
(19)丸山『自己内対話』みすず書房。
(20)同一二九頁。
(21)同一一五頁。

第六章

(1)丸山「日本思想史における「古層」の問題」集十一。
(2)丸山『講義録』別冊二。
(3)丸山『講義録』四、四四頁。
(4)同二〇頁。
(5)丸山「日本思想史における「古層」の問題」集十一、二二二頁。
(6)シュミット『現代議会主義の精神史的地位』みすず書房、八四頁。
(7)丸山『講義録』七、六〇～六一頁。
(8)同六六頁。
(9)丸山「原型・古層・執拗低音」集十二、一五〇頁。
(10)丸山「歴史意識の「古層」」集十。
(11)丸山『話文集』二、二四九頁。
(12)本居宣長『古事記伝』。
(13)前出「歴史意識の「古層」」集十、三一頁。
(14)同六四頁。
(15)丸山「森有正氏の思い出」集十一。
(16)中根千枝『タテ社会の人間関係』講談社。
(17)村上泰亮他『文明としてのイエ社会』中央公論社。
(18)M・ポランニー『暗黙知の次元』筑摩書房。
(19)丸山、別集三。
(20)丸山『自己内対話』みすず書房。
(21)丸山「日本における倫理意識の執拗低音」別集三、二一七頁
(22)大隅和雄・平石直昭編『思想史家　丸山眞男論』ぺりかん社、二二六～二二七頁。
(22)末木文美士「〈原型＝古層〉から世界宗教へ」『思想史家　丸山眞男論』。
(24)末木『日本宗教史』岩波書店。
(25)ダニエル・カーネマン『ファスト&スロー』早川書房。
(26)和辻哲郎『人間の学としての倫理学』岩波書店。
(27)丸山『回顧談』上、二九六～二九七頁。
(28)阿部謹也『近代化と世間』朝日新聞社。
(29)M・フーコー『知への意志』新潮社。
(30)阿部『日本人の歴史意識』岩波書店。

第七章

(1)丸山『講義録』六、四三頁。
(2)丸山「政事の構造」集十二。この原型は一九七五年にオクスフォード大学で行われた英文の報告、“The

Structure of *Matsurigoto*" である。

（3）「政事の構造」集十二、二三八頁。

（4）丸山『自由について』SURE、二〇三〜二〇四頁。

（5）D・C・ノース他『暴力と社会秩序』NTT出版。

（6）丸山『話文集』二、三九〇頁。

（7）井上毅の起草した明治憲法の原案では、第一条を「大日本帝国は万世一系の天皇之をしらす所なり」としたが、伊藤博文が反対して「しらす」を「統治す」と改めた。坂本雄吉『井上毅と明治国家』東大出版会。

（8）丸山『自由について』一八二頁。

（9）丸山「超国家主義の論理と心理」集三、三五頁。

（10）津田左右吉『文学に現はれたる我が国民思想の研究』岩波書店。

（11）山本七平『日本教について』文藝春秋。

（12）山本『現人神の創作者たち』筑摩書房。

（13）山本『昭和天皇の研究』祥伝社。

第八章

（1）丸山「忠誠と反逆」集八、一七五〜一七六頁。

（2）丸山『講義録』五、一二二頁。

（3）山本『日本的革命の哲学』祥伝社。

（4）丸山『講義録』五。

（5）丸山『自由について』一八七〜一八八頁。

（6）丸山『講義録』六、一三六頁。

（7）同一三七頁。

（8）「鎖国令」という布告が出たわけではなく、この言葉が使われたのは十九世紀以降である。これは実際には窓口を限定して中国やオランダなどとの交易を行うものだったので、鎖国という言葉を使うのは正しくないが、ここでは丸山の用語に従う。

（9）磯田道史『近世大名家臣団の社会構造』文藝春秋。

（10）丸山『講義録』六、一六一頁。

（11）F. Fukuyama, *Political Order and Political Decay*, Profile Books.

（12）丸山『話文集』二、三五〇頁。

（13）丸山「闇斎学と闇斎学派」集十一、三〇五頁。

（14）私の知るかぎり唯一の例外は『現人神の創作者たち』の中で、丸山の「闇斎学と闇斎学派」を（否定的に）参照している部分である（上巻一六八頁）。

（15）「闇斎学と闇斎学派」集十一、三〇五〜三〇六頁。

（16）丸山『講義録』五、二三五頁。

（17）笠谷和比古『主君「押込」の構造』講談社。

第九章

（1）丸山「開国」集八、五七〜五八頁。

（2）丸山「明治国家の思想」集四、八九頁。

(3) 丸山「陸羯南――人と思想」集三、一〇四頁。
(4) 丸山「日本の思想」集七、二二四頁。強調は丸山。
(5) 丸山「思想と政治」集七、一三二頁。
(6) 「日本の思想」集七、二二七頁。
(7) 「日本の思想」集七、二二八頁。
(8) 「現代日本の革新思想」座談六、四七～四八頁。
(9) 久野収・鶴見俊輔『現代日本の思想』岩波書店。
(10) 「日本の思想」集七、二二六頁。
(11) 三谷太一郎『日本の近代とは何であったのか』岩波書店。
(12) 丸山「昭和天皇をめぐるきれぎれの回想」集十五、三五頁。
(13) 丸山「戦後民主主義の「原点」」集十五、六七頁。
(14) 丸山『自由について』三二頁。
(15) 「昭和天皇をめぐるきれぎれの回想」集十五、三五頁。
(16) 丸山『話文集』三、四一五頁。
(17) 山本七平『「空気」の研究』文藝春秋。
(18) 石田雄『丸山眞男との対話』みすず書房。
(19) 江藤淳『一九四六年憲法――その拘束』文藝春秋。
(20) 丸山「政治の世界」集五、一五九～一六〇頁。

第十章

(1) 福沢諭吉「文明論之概略」巻之一『福澤諭吉全集』第四巻、岩波書店。
(2) 丸山「「文明論之概略」を読む」集十四、一六〇頁。
(3) 同三五〇頁。
(4) このイラン人留学生は、のちに東芝の西田厚聡元社長の妻になった。
(5) 丸山「日本思想史における「古層」の問題」集十一、二二一頁。
(6) 福沢「学問のすゝめ」第三編『福澤諭吉全集』第三巻。
(7) 福沢「時事小言」『福澤諭吉全集』第五巻。
(8) 丸山「近代日本思想史における国家理性の問題」集四。
(9) 福沢「瘦我慢の説」『福澤諭吉全集』第六巻。
(10) E・O・ウィルソン『人類はどこから来て、どこへ行くのか』化学同人。
(11) 福沢「丁丑公論」『福澤諭吉全集』第六巻。
(12) 『時事新報』の文献考証については、平山洋『アジア独立論者 福沢諭吉』ミネルヴァ書房を参照。
(13) 『時事新報』一八八五年三月十六日社説。
(14) 丸山「「福沢諭吉と日本の近代化」序」集十五。
(15) 丸山「福沢諭吉の「脱亜論」とその周辺」『話文集』四。
(16) 月脚達彦『福沢諭吉の朝鮮』講談社。
(17) C・J・エッカート『日本帝国の申し子』草思社。
(18) 丸山『話文集』続三、二七六頁。
(19) 安川寿之輔『福沢諭吉と丸山眞男』高文研。

第十一章

（1）M・フレッチャー『知識人とファシズム』柏書房。
（2）『革新幻想の戦後史』。
（3）三木清『協同主義の哲学的基礎』。
（4）「現代日本の革新思想」座談六。
（5）丸山「拳銃を……」集八、二七九頁。
（6）丸山『話文集』続三、二八三頁。
（7）丸山『話文集』四、一一〇頁。
（8）波多野澄雄『歴史としての日米安保条約』岩波書店。
（9）丸山『話文集』続三、二七六頁。
（10）同二七八〜二七九頁。
（11）丸山『話文集』四、三六〇頁。
（12）丸山『話文集』続三、二七〇頁。
（13）S. Krasner, *Sovereignty: Organized Hypocrisy*, Princeton University Press.
（14）シュミット『大地のノモス』慈学社。
（15）丸山「三たび平和について」集五、三二一〜三三三頁。
（16）収斂論の代表的な主張としては、J・K・ガルブレイス『新しい産業国家』講談社。
（17）丸山『話文集』四、三五六頁。
（18）丸山『話文集』続二、一四六頁。
（19）同三五六頁。
（20）北岡伸一『自民党』中央公論新社。
（21）『自由について』七一頁。
（22）丸山とは逆の立場から、L正統としての戦後の国体に反対し続けたのは平泉澄だった。植村和秀『丸山眞男と平泉澄』柏書房。
（23）丸山『現代政治の思想と行動』第一部　追記および補註」集六、二九三頁。
（24）丸山「憲法第九条をめぐる若干の考察」集九。
（25）丸山「政治の世界」集五、一九一頁。
（26）「政治の世界」集五、一八八頁。

終章

（1）雨宮昭一『戦時戦後体制論』岩波書店。
（2）野口悠紀雄『戦後経済史』東洋経済新報社。
（3）丸山「中野好夫氏を語る」集十二。
（4）高岡裕之『総力戦体制と「福祉国家」』岩波書店。
（5）山之内靖『総力戦体制』筑摩書房。
（6）筒井清忠『昭和戦前期の政党政治』筑摩書房。

索　引

あ行

か行

さ行

た行

な行

は行

ま行

や行

ら行

わ行

著者略歴
池田信夫（いけだ・のぶお）
一九五三年生まれ。東京大学経済学部卒業後、日本放送協会（ＮＨＫ）に入局。報道番組「クローズアップ現代」などを手掛ける。ＮＨＫ退職後、博士（学術）取得。経済産業研究所上席研究員などをへて現在、アゴラ研究所代表取締役社長。著書に『イノベーションとは何か』（東洋経済新報社）、『「空気」の構造』（白水社）、『「日本史」の終わり』（與那覇潤氏との共著）、『戦後リベラルの終焉』（以上、ＰＨＰ研究所）他。

丸山眞男と戦後日本の国体

二〇一八年七月一五日 印刷
二〇一八年七月三〇日 発行

著 者 © 池 田 信 夫
発行者 及 川 直 志
印刷所 株式会社 三 陽 社
発行所 株式会社 白 水 社

東京都千代田区神田小川町三の二四
電話 営業部 〇三(三二九一)七八一一
編集部 〇三(三二九一)七八二一
振替 〇〇一九〇-五-三三二二八
郵便番号 一〇一-〇〇五二
www.hakusuisha.co.jp

乱丁・落丁本は、送料小社負担にてお取り替えいたします。

株式会社松岳社

ISBN978-4-560-09655-0

Printed in Japan